DIE TRADING-GEWINNTECHNIK

7 Schritte zum Geld machen

Dr. Gregor Bauer
Michael Berkholz
Felix Lang

DIE TRADING-GEWINNTECHNIK

7 Schritte zum Geld machen

Bibliografische Information der Deutschen Bibliothek
Die Deutsche Bibliothek verzeichnet diese Publikation
in der Deutschen Nationalbibliografie;
detaillierte bibliografische Daten sind im Internet
über http://dnb.ddb.de abrufbar

Impressum

© 2022 by GeVestor Financial Publishing Group
Theodor-Heuss-Straße 2–4 · 53177 Bonn
Telefon +49 228 8205-185 · Telefax +49 228 3696480
premiumservice@gevestor.de · www.gevestor.de

Herausgeberin: Laura Walterscheid
Spezialfachgutachter: Rainer Heißmann
Redakteure: Dr. Gregor Bauer, Felix Lang, Michael Berkholz
Bildnachweis Cover: © 2visuals – stock.adobe.com
Satz: ulrike jasser. kommunikationsdesign, Heinsberg
Druck: Beltz Grafische Betriebe GmbH, Bad Langensalza

ISBN 978-3-8125-3819-0

GeVestor ist ein Unternehmensbereich
der Verlag für die Deutsche Wirtschaft AG
Vorstand: Richard Rentrop · USt.-ID: DE 812639372
Amtsgericht Bonn, HRB 8165

Haftungsausschluss
Unsere Informationen basieren auf Quellen, die wir für zuverlässig
erachten. Eine Haftung für die Verbindlichkeit und Richtigkeit der
Angaben kann allerdings nicht übernommen werden.

Liebe Leserin, lieber Leser,

in diesem Buch möchte ich Ihnen das Thema Trading näherbringen und es Ihnen nahelegen.

3 einfache Gründe:

1. Ich bin überzeugt, dass Sie nur auf diese Weise eine attraktive Rendite auf Ihr Kapital erzielen.

2. Sie können auch mit kleinem Geld starten und dieses Zug um Zug vermehren, ja vervielfachen. Natürlich sind für das Traden nach oben keine Grenzen gesetzt. Sie können entsprechend auch mit „großem Geld" traden. Über kurz oder lang kommt es sowieso dazu.

3. Nicht zuletzt: Es macht doppelt Spaß.
   a. Das Traden selbst macht Spaß.
   b. Und es macht Spaß zu sehen, wie sich das Konto immer mehr füllt.

Erzähle ich anderen Leuten von meiner Begeisterung fürs Trading, bekomme ich oft zu hören: *„Ist das nicht ein Glücksspiel, wie Lotto, nur nicht am Kiosk sondern an der Börse?"*

Das könnte man meinen. Es ist aber falsch. Beziehungsweise es ist die Sicht derer, die sich mit dem Traden noch nie befasst haben. Denn während das Lotto reine Glückssache ist, haben Sie beim Traden knallharte Fakten, die Sie auf die Gewinnerstraße bringen.

Nehmen Sie den Kursverlauf von Aktien. Wer sich damit nie beschäftigt hat, kommt auf die zitierte Frage und dem Vergleich mit dem Lotto.

Profis jedoch lesen in Charts (Kursverläufen von Aktien und anderen Papieren) wie in einem offenen Buch. Die zeigen auf den Chart und sagen: *Jetzt kaufen*. Und kurze Zeit später sagen sie: *Verkaufen. Gewinne kassieren*. Das können Sie auch bald. Denn wie das gemacht wird, zeigen Ihnen die Börsenprofis, die ich für dieses Buchprojekt gewinnen konnte. Diese Profis zeigen Ihnen, wie auch Sie den Markt analysieren und entschlüsseln. Und wann Sie kaufen und wieder verkaufen sollen. Schließlich wollen wir ja alle Geld machen.

Es gibt Indikatoren, die uns die Analyse der Märkte ermöglichen. Nachrichten, welche die Kursverläufe beeinflussen und über Jahrzehnte gesammeltes Börsenwissen von Experten. Das stellen wir Ihnen in diesem Handbuch für Trader exklusiv zur Verfügung.

Setzen Sie auf geballtes Expertenwissen der Börsenerfahrung, um ihr Geld zu vermehren. Klingt das nicht gut? Ich bin sicher, Sie beantworten die Frage mit ja. Denn:

Sie haben mit diesem Buch den ersten Schritt gemacht, um Ihr Geld zu vermehren. Oder wie es mir kürzlich ein Professor sagte: *„Ich bin an der Börse, um Geld zu machen."*

Gemeinsam mit den von mir für dieses Projekt gewonnenen Börsenprofis machen auch Sie bald Geld. Viel Geld.

Ich verrate Ihnen heute nicht die 6 Richtigen der nächsten Lottoziehung. Die Voraussage gibt es nicht. Ich habe etwas viel Besseres für Sie:

Die 7 Schritte zum Geld machen!

Die Autoren dieses Buches waren und sind Feuer und Flamme. Sie boten mir an, jeweils 100, 200, 300 oder noch mehr Seiten zu diesem Thema zu schreiben. Denn sie schreiben über ihre Profession und ihr Hobby: Geld machen an der Börse.

Ich musste die Begeisterung dieser Top-Strategen regelrecht stoppen und habe gesagt: Ein endloses Buch schreiben kann jeder. Viel schwerer ist es, dieses zu kürzen und zu kürzen und zu kürzen. Bringen Sie mal einen 5 Seiten langen Brief auf eine Postkarte unter, ohne etwas Wichtiges wegzulassen. DAS ist die wahre Kunst. Und ich bin sicher, es ist den 3 Börsenexperten in diesem Buch perfekt gelungen. Im Bücherschrank gibt es dickere Bücher, aber keine inhaltsschwereren.

Unser Ziel ist es, Ihnen das erste allumfassende Buch zum Thema Trading zu liefern, welches Ihnen nicht nur Grundwissen und Theorie mit an die Hand gibt, sondern das Thema Trading für Sie greifbar macht. Anwendungsbeispiele und konkrete Praxis-Tipps unterstützen Sie auf dem Weg zum erfolgreichen Trading. Anfänger werden zu Profis. Schon erfahrene Trader finden manch geldwerten Tipp.

Habe ich Sie neugierig gemacht?

Ich bin sicher, dass unser Expertenteam auch Sie vom Trading überzeugen kann und Sie am Ende des Buches meine Begeisterung teilen! Lassen Sie uns mit diesem Buch gemeinsamen den Weg in die Tradingwelt gehen. Oder – besser noch: Starten wir mit dem Geld machen.

Ihre

Laura Walterscheid

Laura Walterscheid
Herausgeberin

Das Expertenteam

Dr. Gregor Bauer

Dr. Gregor Bauer ist ein durch den Weltverband IFTA zertifizierter technischer Finanzanalyst (Certified Financial Technician) und gehört zu den renommiertesten Chartexperten in Deutschland. Er vereinigt das Wissen eines Portfolio Managers mit dem eines Chartexperten und Traders. Er kennt somit die Märkte und Handelsstrategien in allen Facetten. Im Buch wird er Ihnen wertvolle Profi-Tipps aus seiner Jahrzehnte langen Erfahrung zum Trading mit der Charttechnik an die Hand geben. So können Sie seine Handelsstrategien sofort gewinnbringend anwenden. Seine Expertise setzt er als Chefredakteur im Börsendienst „Der Optionen-Profi" des Gevestor-Verlages um.

Felix Lang

Felix Lang ist seit vielen Jahren als Trader tätig und blickt auf eine sehr erfolgreiche Laufbahn zurück. Nicht nur als selbstständiger Trader, sondern auch als Geschäftsführer eines Introducing Brokers sowie Mitgründer eines Fintech Start-Ups hat er sich im Investmentbereich einen Namen gemacht. Durch seine Expertise ist er auch als Trading Coach ein optimaler Sparringspartner. In diesem Buch können Sie von seiner umfangreichen Erfahrung und Expertise profitieren.

Michael Berkholz

Michael Berkholz ist Journalist und aktiver Trader. Er hat die Gabe, das Thema Trading mit einfachen Worten zu beschreiben und auch für den Einsteiger verständlich zu machen. Gerade zu spielerisch lernen Sie mit Michael Berkholz Schritt für Schritt, wie Sie an den Märkten Geld machen.

Mehr zu den Experten und deren Expertise, sowie Produkten, erfahren Sie in Kapitel 7.

Michael Berkholz

EINLEITUNG

Einleitung

7 Schritte zum Geld machen

Prima, dass Sie hier sind. Verständlich, schließlich bietet die Börse unendliche Möglichkeiten. Ob Sie persönlich das Trading auf den Feierabend beschränken oder im Laufe des Tages aktiv sind – alles ist möglich.

Doch wie genau sollten Sie Ihre Karriere zum Trader starten? Welche Fehler gilt es zu vermeiden? Welches Wissen ist entscheidend, um langfristig Geld zu verdienen und finanziell unabhängig zu werden? Dieses Buch widmet sich genau dieser Situation.

Ein erfolgreicher Trader sein. Das möchten viele Privatanleger, die sich mit der Börse beschäftigen. Doch das funktioniert nicht per Knopfdruck. Sie müssen dafür nicht das Trading studieren, aber es gibt durchaus einige essenzielle Grundlagen, die Sie beherrschen sollten. Das ist überall so. Auch beim Börsenhandel. Damit Sie schneller erfolgreich sind, haben wir für Sie das Wissen gebündelt.

Dadurch gelingt Ihnen der Einstieg wesentlich leichter und Sie haben eine optimale Voraussetzung in Zukunft Ihren Tag, Ihren Monat und vor allem Ihr Jahr im Plus zu beenden. Damit Sie zu den erfolgreichen Tradern gehören, müssen Sie verstehen, wie die Börse funktioniert.

Klar, Trading ist heutzutage kinderleicht: Dafür haben die Broker gesorgt. Also, wenn wir jetzt rein über die technische Umsetzung sprechen. Schnell einen Wert kaufen oder verkaufen. Das können die meisten innerhalb von wenigen Minuten.

Doch wie Sie die richtigen Marken für den Ein- und Ausstieg zu finden, steht auf einer anderen Seite.

Trading von zu Hause ist voll im Trend

Sie interessieren sich dafür, in den eigenen vier Wänden mit Ihrem Geld zu arbeiten? Damit sind Sie nicht alleine. Immer mehr Menschen wollen hierzulande Ihre Vermögensverwaltung selbst in die Hand nehmen. Die Gründe liegen natürlich auf der Hand: Negativzinsen auf der Bank und eine steigende Inflation zwingen uns, aktiv zu werden. Wir müssen selbst etwas aus unserem Geld machen, es in die Hand nehmen und damit arbeiten.

Wer sein Kapital nicht unter der Matratze versteckt, der kann mit den richtigen Methoden solide Profite erwirtschaften.

Der Markt ist riesig und bietet Ihnen jeden Tag unendliche Möglichkeiten. Als erfolgreiche Trader zeigen wir Ihnen, die Tipps und Strategien, die wir seit Jahren und Jahrzehnten erfolgreich einsetzen. Da reicht manchmal schon ein guter Trade am Tag. Und logischerweise gibt es auch noch diejenigen, die über mehrere Tage oder Wochen Positionen halten. Es muss kein Handeln im Minutentakt sein – aber auch das geht. Jeder darf kaufen und verkaufen, was er will und so schnell er will.

Wenn Sie sich mit dem Thema Trading beschäftigen, geht es Ihnen vermutlich auch darum, ein zusätzliches Einkommen zu erarbeiten.

Damit Sie das nicht mit schlaflosen Nächten kombinieren, halten Sie dieses Buch in Ihren Händen. Wir wünschen uns, dass Sie Ihr Geld mit unserer Hilfe sinnvoll investieren und schnell die ersten Gewinne einfahren.

In diesem Buch erfahren Sie zuerst das nötige Basiswissen. Vorkenntnisse sind durchaus willkommen, aber nicht notwendig. Selbst, wenn Sie noch nie eine Aktie gekauft haben, werden wir Sie hier an die Hand nehmen und an das Thema heranführen.

Freuen Sie sich auf diese Chance, das Wissen von Autoren mit mehreren Dekaden Börsenerfahrung zu nutzen. Wissen, das Sie sonst in dieser Form nirgends bekommen.

Hier schreiben Ihnen erfolgreiche Trader, die bereits hohe Gewinne an der Börse erzielt haben. Natürlich kennen wir auch Verlusttrades. Aus den Fehlern haben wir gelernt und wir geben dieses Know-How jetzt an Sie weiter, damit Sie Ihre Gewinne maximieren. Deshalb haben wir für Sie die wichtigsten Tipps und Regeln zusammengefasst. Wir wollen, dass Sie ein erfolgreicher Trader werden! Mit diesem Buch haben Sie die besten Voraussetzungen dafür.

Liebe Leserin, lieber Leser,

sicher erinnern Sie sich. In meinem Herausgeberbrief habe ich geschrieben:

Ein endloses Buch schreiben kann jeder. Viel schwerer ist es, dieses zu kürzen und zu kürzen und zu kürzen. Bringen Sie mal einen 5 Seiten langen Brief auf eine Postkarte unter, ohne etwas Wichtiges wegzulassen. DAS ist die wahre Kunst. Genau das habe ich mir vorgenommen.

Ich werde Sie durch dieses Buch begleiten und versuchen, jeden über mehrere Seiten gehenden Fachbeitrag der Autoren auf Postkartengröße zusammenzufassen.

Wenn ich die Einleitung von Herrn Berkholz kürze, dann nochmals kürze und schließlich ein drittes Mal kürze, dann bleibt stehen:

Wir wollen Geld machen

Tagesgeld bringt nichts. Das Sparbuch bringt nichts. Hinzu kommt, dass Sie bei Geldern auf dem Konto neben den 0% Zinsen zusätzlich einen spürbaren Wertverlust durch die zunehmende Inflation haben. Die Kaufkraft Ihres Geldes wird von Jahr zu Jahr spürbar weniger. Es bleibt nur die Börse, damit Sie eine attraktive Rendite erzielen.

Das Schöne ist, dass Sie an der Börse Gewinne erzielen können und zusätzlich mit Spaß an die Arbeit gehen. Ja, das Traden ist Arbeit. Aber im positiven Sinn.

Traden fordert Ihre Disziplin. Beim Traden sind Sie allein für das Ergebnis verantwortlich. Beim Traden bekommen Sie unmittelbar schwarz auf weiß das Ergebnis Ihrer Arbeit. Gewinn oder Verlust. Ihre Gewinne sind der Lohn Ihrer Arbeit. Sie alleine haben das erreicht. Da kommt Freude auf.

Neben den Gewinnen, die sind das Beste, ist Ihre Selbständigkeit das Tolle. Niemand sagt Ihnen, wann Sie was tun sollen. Sie sind Ihr eigener Herr. Der Markt liegt vor Ihnen mit Aktien, Hebelpapieren, Indizes, Rohstoffen und Währungen. Sie allein entscheiden. Sie allein traden. Niemand redet Ihnen rein.

Diese Arbeit macht Spaß. Ich kenne keinen erfolgreichen Trader, der sich nicht auf den Arbeitstag, den Trading-Tag freut. Ich bin sicher, so wird es auch Ihnen bald gehen, wenn die Gewinne sprudeln.

Also denn, Herr Berkholz, ich übergebe an Sie für das Basiswissen.

Ihre

Laura Walterscheid

Laura Walterscheid

P.S. Sicher kennen Sie die Diskussion um gender-richtige Schreibweise. Wegen der besseren Lesbarkeit haben wir uns entschieden, *der Trader* zu schreiben und nicht *der Trader und die Traderin* oder *der/die Trader/in* und so weiter. Das sagt hier die Traderin Laura.

Michael Berkholz

BASISWISSEN TRADING

Was ist Trading?

Eines vorab: Vielleicht lesen Sie das Buch mehrmals und markieren sich die besonders interessanten Stellen. Die folgenden Seiten werden Ihr Handwerkzeug – Notizen und Reinschreiben erwünscht. Starten Sie auch mit realistischen Zielen. 2 Prozent Gewinn pro Monat oder 24 Prozent im Jahr sind messbare Werte, an denen Sie sich orientieren können.

Doch wie erreichen Sie dieses erste Ziel und was ist dieses Trading überhaupt?

Kaufen Sie eine Aktie, haben Sie gehandelt. Verkaufen Sie dieselbe Aktie später, war das auch ein Trade. Als Profi machen Sie dies mehrmals pro Jahr, Monat, Woche oder sogar Tag und Stunde. Das kommt immer ganz darauf auf, welcher Tradingstil zu Ihnen passt. Sie haben die freie Wahl.

Trading vs. Investieren – der Unterschied

Wenn Sie investieren, stecken Sie Ihr Geld in einen Wert und lassen diesen liegen. Natürlich sollten Sie vorher entsprechend Recherche betrieben haben, ob Ihr Kapital dort gut angelegt ist. Denn bei einer Investition bleibt es dort eine ganze Weile.

Investieren können Sie natürlich auch in Aktien und damit erfolgreich sein. Warren Buffett ist das beste Beispiel. Mit Aktien kaufen und halten, hat er Milliarden US-Dollar verdient. Was viele oft nicht wissen, Buffett handelt aber auch mit Optionen.

Beim Trading sind Sie aktiv. Sie betreiben vorher Recherche und schauen sich die Charts genau an. Sie haben dabei ein Handelssystem und nach dessen Regeln werden Sie aktiv. Hier spielt der kurzfristige Kursverlauf eine wesentliche Rolle.

Viele Trader bevorzugen deshalb den aktiven Handel, weil Sie keine Unternehmenszahlen studieren und Analystenmeinungen lesen müssen. Sie werfen einen Blick auf den Chart und wenden Ihre erprobten Regeln an. Fertig.

Deshalb nutzen viele Trader die Chartanalyse. Sie ist weniger mit fundamentaler Recherche verbunden, sondern praktisch und mit System. Außerdem sehen Sie auch schneller Ihre Erfolge beim Trading. Beim Investieren liegt der Fokus auf der langfristigen Anlage. Trading gibt Ihnen eine prompte Rückmeldung. Sie wissen demnach sehr schnell, wie gut Ihre Entscheidung war. Und genau diese Erfahrung ist ein immens großer Teil von erfolgreichen Tradern.

Was wollen Sie traden?

Der Markt bietet ein weites Feld an Werten, mit denen Sie arbeiten können. Für viele Anleger sind besonders Aktien, Rohstoffe und Forex, also der Währungsmarkt spannend. Im Währungsmarkt werden immer zwei Währungspaare gegeneinander gehandelt. Euro gegen US-Dollar ist Ihnen sicherlich bekannt. „EUR/USD" haben Sie vielleicht schon einmal gelesen.

Von diesen Währungspaaren gibt es auch schier unendlich viele. Neben EUR/USD, gibt es noch Britische Pfund (GBP), den Japanischen Yen (JPY), den Schweizer Franken (CHF) und den Kanadischen Dollar (CAD), um einmal die Hauptwährungen zu nennen.

Wir konzentrieren uns allerdings auf Aktien, Indizes und Rohstoffe. Wichtig ist, dass es bei den von Ihnen gehandelten Papieren viele Umsätze gibt; das heißt, dass diese Papiere liquide sind.

Mein Tipp: Starten Sie vorsichtig. Suchen Sie sich eine Aktie, einen Index oder Rohstoffe wie Öl oder Gold heraus und schauen Sie diesen Chart an. Laufen die Kurse nach oben oder unten. Oder sogar nur zur Seite? Wie hoch sind die Ausschläge bzw. wie hoch ist die Volatilität. Wenn ein Kurs eher ruhig in eine Richtung läuft, ist das leichter zu traden, als wenn der Kurs ständig großen Schwankungen unterliegt.

Im Kapitel der Chartanalyse lernen Sie, welche Trends die unterschiedlichen Zeiteinheiten anzeigen. Sie können im Chart nämlich einstellen, welchen Zeitraum er abbilden soll. Häufig verwenden Trader dabei Monatschart, Wochenchart, Tageschart, 4-Stunden-Chart, Stundenchart und dann noch 15-Minuten-Chart und 5-Minuten-Chart. Je nach Ihrem Tradingstil, werden Sie sich später auf zwei bis drei dieser Zeiteinheiten konzentrieren. Mehr dazu finden Sie später im Buch.

Die Broker bieten Ihnen eine Fülle an Instrumenten und Indikatoren, die Sie zusätzlich im Chart einblenden können. Auch hier zeigen wir Ihnen im Kapitel Chartanalyse die Indikatoren, die tatsächlich hilfreich sind. Es gewinnt nicht der Trader mit den meisten Linien im Chart. Weniger ist hier mehr. Gerade beim Trading. Mag sein, es ist spannend, sich 10 Indikatoren gleichzeitig im Chart anzeigen zu lassen. Letztlich vertrauen erfolgreiche Trader aber auf ein paar wenige dieser Hilfen. Einige nutzen sogar gar keine. Das zeigt Ihnen schon, dass Indikatoren kein alleiniger Schlüssel für den Erfolg sein müssen.

Welche Arten von Trading gibt es?

Wie oben erwähnt, können Sie selbst ausprobieren und entscheiden, was Sie handeln möchten. Damit Sie aber nicht ins kalte Wasser springen müssen, erklären wir Ihnen ausführlich, welche Methoden es gibt. Dann können Sie die für sich passende auswählen.

Unterschiede gibt es hierbei auch, wie oft Sie Traden wollen. Muss es mehrmals am Tag sein und brauchen Sie die Action? Oder reichen Ihnen ein paar Trades pro Woche und Sie haben Ihr Geld gemacht? Auch davon hängt ab, welcher Tradingstil zu Ihnen passt.

Starten wir mit dem sogenannten **Daytrading**. Hierbei sind Sie nur innerhalb des Tages aktiv. Sie eröffnen also eine Position, weil Sie glauben, dass ein bestimmter Wert steigt oder fällt. Spätestens am Ende des Tages – bevor die Börsen Feierabend machen – schließen Sie die Position wieder und der Trade ist beendet.

Als Daytrader sind Sie daher nicht über Nacht investiert. Das lässt Sie ruhig schlafen. Schließlich kann nachts passieren, was will. Sie sind aktuell nicht im Markt investiert.

Wichtig: Kapitalerhalt und Profit sind beim Trading ausschlaggebend! Wie viel Sie genau pro Trade riskieren sollten, erfahren Sie im Kapitel zum Money Management. Sie spielen aber grundsätzlich defensiv und riskieren nur dann etwas, wenn Sie eine gute Chance identifizieren. Niemand zwingt Sie zum Handeln! Sie können sich die Kirschen herauspicken und sollten das auch. Darin liegt Ihr entscheidender Vorteil. Sie lauern auf eine Möglichkeit und schlagen zu.

Wir möchten, dass Sie nur einmal bei Ihrem Broker einzahlen und mit diesem Geld arbeiten und es vermehren. Wenn Sie Geld überweisen, dann sollten das Tradinggewinne von Ihrem Broker auf Ihr Konto sein. So sieht das im Idealfall aus und bei erfolgreichen Tradern funktioniert das exakt so.

Ein Daytrader handelt also immer innerhalb des Tages. Sie können aber genauso einen Trade über mehrere Tage und Wochen laufen lassen. Aus Sicht eines Investors ist das immer noch kurzfristig, egal ob Sie im 5-Minuten-Chart oder im Tageschart handeln. Vergleichen Sie die Zeiträume mit Aktienanlagen auf 10-Jahressicht, verstehen Sie, warum wir selbst wenige Wochen als kurz bezeichnen.

Ein anderer Tradingstil ist das **Swingtrading**. Hierbei werden kurzfristige Kursschwankungen ausgenutzt und der Trade ist dann nur oft über wenige Tage offen.

Sie haben als Swingtrader auch die Möglichkeit auf eine Gegenbewegung zu spekulieren, wenn Kurse Ihrer Meinung nach zu sehr in eine Richtung übertrieben haben. Dann warten Sie, bis die Kurse zeigen, dass die Gegenbewegung starten könnte und steigen dann ein. Letztlich geht es hier einfach nur darum, in einem kurzen Zeitraum Kursschwankungen auszunutzen und daran zu partizipieren.

Der Daytrader schaut sich eher keinen 4-Stunden-Chart an, sondern z.B. den 15-Minuten-Chart. Wenn Sie sich lieber Trades auf mittelfristige Sicht von mehreren Wochen bis Monate wüschen, sind Sie dagegen im Tageschart besser aufgehoben. Der 1-Stunden-Chart ist eher für Trades geeignet, die maximal wenige Tage laufen können. Auch das besprechen wir noch in den folgenden Kapiteln.

Die 2 Trading-Arten: Daytrading & Swingtrading

Trading-Art	Dauer	Definition
Daytrading	Innerhalb eines Tages	Sie eröffnen eine Position, weil Sie glauben, dass ein bestimmter Wert steigt oder fällt und setzen darauf. Bis zum Ende des Tages schließen Sie die Position wieder und der Trade ist beendet.
Swingtrading	Wenige Tage	Hierbei zielen Sie darauf ab, von kurzfristigen Kursschwankungen zu profitieren. Ihr Trade ist hierbei oft nur über wenige Tage offen.

Die richtige Einstellung

Völlig egal, ob Sie kurzfristig oder mittelfristig handeln möchten, Ihre Grundeinstellung wird entscheiden, wie erfolgreich Sie als Trader werden.

Ein einziges erfolgreiches Jahr an der Börse, macht niemanden zum Profi. Können Sie Ihre Erfolge mehrere Jahre hintereinander wiederholen, sieht das schon anders aus. Noch wichtiger ist, dass Sie wissen, aus welchem Grund Sie einen Trade eröffnen oder schließen. Soll heißen: Nicht blind in den Markt einsteigen, sondern nach Ihrer Strategie. Und auch dann wird nicht jeder Trade ein Volltreffer sein. Selbst Profis, die Ihre Handelssignale für Geld verkaufen, haben zwischendurch Phasen, in denen Sie Geld verlieren. Wichtig ist dabei immer die mentale Einstellung zum Handeln.

Je langweiliger Sie einen Trade finden, desto profitabler kann dieser für Sie am Ende sein. Wenn Sie jetzt heiß auf das Trading sind, mag das etwas widersprüchlich klingen. Doch dahinter steckt ein wichtiger Gedanke. Denn die Emotionen spielen für Sie dann keine Rolle mehr. Auch deswegen sind heute vielfach programmierte Computersysteme an der Börse aktiv.

Sich strikt an langfristig erfolgreiche Tradingregeln halten, liegt nicht in der Natur des Menschen. Genau das ist die Herausforderung für Sie als Trader! Finden Sie diese Handelssetups, die in den meisten Fällen profitabel sind und ziehen Sie diese eiskalt durch.

Gönnen Sie sich und Ihrem Kopf auch zwischendurch Pausen. Unbedingt! Sie müssen nicht jede Minute, jede Stunde oder jeden Tag traden. Damit machen Sie im Zweifelsfall nur den Broker durch die Handelsgebühren reich und haben selber keine Auszeit, um sich neu zu sortieren.

Verfallen Sie nicht ins Zocken, sondern betrachten Sie Trading als Ihr Geschäft. Sie treffen die Entscheidungen selbst und sind dann auch dafür verantwortlich. Niemand tradet den Markt perfekt, aber natürlich können Sie sich das Wissen von erfahrenen Profis zu Nutze machen. Genau deshalb haben wir dieses Buch geschrieben.

Sie haben die Möglichkeit, das Trading überall auf der Welt umzusetzen. Ob Sie im Urlaub sind oder zu Hause – jeder Broker bietet inzwischen Apps an, mit denen Sie unterwegs traden können. Somit haben Sie auch immer die Chance, Ihre Trades zu verwalten und den Markt zu beobachten. Aber auch nur, wenn Sie wirklich wollen. Pausen sind auch beim Trading lebenswichtig, vor allem, wenn Sie es langfristig erfolgreich umsetzen wollen.

Wichtige Daten und Termine

Die erfolgreichen Trader halten sich an die Charttechnik und beachten wichtige Termine, an denen Wirtschaftsdaten veröffentlicht werden.

Spricht jemand von der Notenbank? Dann sollten Sie die entsprechenden Währungspaare und Indizes eher meiden. Werden die Lagerbestände von Rohöl veröffentlicht? Halten Sie sich zu diesem Zeitpunkt aus dem Ölmarkt heraus. Genau dann können nämlich heftige und irrationale Bewegungen auftreten.

Kleiner Tipp nebenbei: Analysten schätzen gerne im Vorfeld die kommenden Zahlen. Nirgends liegen diese vermeintlichen Experten aber so oft ganz weit entfernt von der Realität wie beim Rohöl. Insofern gibt es hier regelmäßig Überraschungen. Auch deshalb sollten Sie zum Zeitpunkt der Veröffentlichung hier nicht aktiv sein.

Schauen Sie sich jeden Tag vor dem Trading den Wirtschaftskalender an und überprüfen Sie, ob es für Ihre Trades ein entscheidendes Event gibt. Sonst wundern Sie sich, warum der Kurs plötzlich deutliche Sprünge macht und Sie vielleicht auf dem falschen Fuß erwischt. Sie können es sich auch einfach machen und kostenlose Börsennewsletter abonnieren. Dort erhalten Sie gratis Tipps zu möglichen interessanten Tradingideen und auch gratis Chartanalysen, von denen Sie viel lernen können.

Die spontanen Kurssprünge sind natürlich in erster Linie für Daytrader zu beachten. Die können die Schwankungen an einem Tag für Gewinne nutzen. Wer längerfristige Handelsideen umsetzt, wird von diesen Kursbewegungen selten betroffen sein. Läuft Ihr Trade über mehrere Wochen, wird eine Pressekonferenz der Notenbank kaum einen gravierenden Ausschlag haben.

Risiko und Rendite

Sie tauschen an der Börse immer Risiko gegen Rendite. Es gibt nichts geschenkt und genauso sollten Sie das Trading auch ansehen. Sie werden nicht 100 Prozent Ihrer Trades gewinnen. Das macht niemand. Vielleicht sind bei Ihnen sogar 60 Prozent erfolgreich, vielleicht auch nur 40 Prozent. Darum geht es zum Glück auch gar nicht. Sie können auch mit 40 Prozent erfolgreichen Trade am Ende des Monats oder Jahres einen Profit feiern.

Ausschlaggebend ist nämlich nicht nur, wie oft Sie richtig liegen, sondern wie viel Sie gewinnen, wenn Sie richtig liegen und wie viel Sie verlieren, wenn Sie falsch liegen. Hier kommen das sogenannte Chance-Risiko-Verhältnis und das Money-Management ins Spiel. Mehr dazu finden Sie im entsprechenden Kapitel ab Seite 224.

Eines darf ich Ihnen aber jetzt schon verraten: Sie werden Verluste machen! Wenig ist an der Börse garantiert, aber das zählt dazu. Natürlich können Sie mit Hilfe unserer Tipps mehr Gewinne als Verluste erwirtschaften. Aber selbst wir als jahrelange Profis machen regelmäßig Trades, bei denen wir Geld verlieren. Das ist Teil des Geschäfts und ist auch völlig in Ordnung. Je früher Sie das akzeptieren, desto besser werden Sie als Trader! Nicht jede Handelsidee wird ein Gewinner sein. Und zwei Verluste hintereinander bedeuten nicht, dass Ihr Handelssystem falsch ist.

Viel wichtiger ist, dass Sie eine Idee haben, warum Sie den Trade machen. Das bedeutet, Sie haben sich mit dem Chart auseinandergesetzt und Ihr Handeln überlegt. Wenn das noch in Kombination mit einem langfristig profitablen Muster geschieht, werden Sie auf Dauer erfolgreich sein!

Es mag immer einmal Phasen geben, in denen es besonders gut läuft und wirkt, als hätten Sie die Börse jetzt durchschaut. Dann ist es besonders wichtig, weiterhin das Risiko im Auge zu behalten und nicht übermütig zu werden. Und damit kommen wir zu einem weiteren wichtigen Punkt beim Trading: das Money Management. Auch das wird Ihnen später ausführlicher erklärt. Ich gebe Ihnen nur jetzt schon einmal einen Gedanken mit auf den Weg.

Zahlreiche Profis, die im Börsen-Handel aktiv sind, haben als Anfänger gerade einmal 1 Prozent oder nur 0,5 Prozent ihres Depots pro Trade riskiert. Nehmen Sie sich das als Einsteiger zum Vorbild.

Das ist Trading

Das ist also alles Teil des Tradings und nicht einfach nur das Kaufen und Verkaufen. Es steckt wesentlich mehr dahinter und es wäre auch noch schöner, wenn die Börse so leicht zu bezwingen wäre. Mit unserer Unterstützung kürzen Sie den Weg zum erfolgreichen Trader wesentlich ab.

Je besser Sie informiert sind, desto besser können Sie auch den Profis folgen und davon lernen. Deshalb machen wir gleich weiter und schauen uns die unterschiedlichen Arten an, wie Sie an der Börse handeln können. Sie platzieren nämlich immer einen Auftrag bei Ihrem Broker, wenn Sie traden möchten. Im Fachjargon heißt das eine Order aufgeben.

Orderarten

Es gibt unterschiedliche Ordertypen für die jeweilige Situation. Sie werden nicht bei jedem Broker jede Art von Order angeboten bekommen. Das brauchen Sie auch gar nicht. Es gibt einige Ordertypen, die sind Standard und reichen für die meisten Trader auch völlig aus.

Wenn Sie direkt einen Trade eröffnen wollen oder auch einfach jetzt sofort und in diesem Moment eine Aktie kaufen möchten, handeln Sie eventuell „Market". Eine **Market-Order** wird direkt ausgeführt. Es geht hierbei darum, unverzüglich den Trade auszuführen.

Sie bekommen zwar die Order schnellstmöglich ausgeführt, aber vielleicht nicht zum besten Preis. Sie sagen damit Ihrem Broker, dass Sie sofort kaufen wollen. Das geht beim Schließen einer Position genauso per Market-Order.

Anders verhält es sich bei der **Limit-Order**. Hier geben Sie einen festen Preis vor, zu welchem Sie kaufen oder verkaufen möchten. Eine Limit-Order zu nutzen, zeigt schon, dass Sie vorher einen Kauf- oder Verkaufskurs festgelegt haben. Ob Sie eine Limit-Order benötigen, hängt aber ganz von Ihrem System ab. Wenn Sie einen fixen Preis als Kauf- oder Verkaufsziel ausgemacht haben, ist eine Limit-Order sinnvoll. Wenn Sie dagegen darauf warten, dass Ihr betrachteter Wert im Chart über oder unter einem bestimmten Punkt schließt, damit Sie danach einsteigen können, kaufen oder verkaufen Sie dann vielleicht per Market-Order.

Bei einer Limit-Order verwenden Sie oft nicht den aktuellen Kurs, sondern einen von Ihnen festgelegten Preis. Diese Order wird dann ausgeführt, sobald der von Ihnen festgelegte Preis oder ein besserer erreicht wird.

Umgekehrt läuft es beim Verkauf. Haben sie beispielsweise abgeschätzt, dass die Aktie noch Luft nach oben hat, verkaufen Sie diese per Limit-Order für beispielsweise 10 Euro mehr, als sie aktuell kostet. Wird in der Zukunft dieser Kurs erreicht, verkauft Ihr Broker automatisch die Aktie für Sie. Sollte der Aktienkurs nicht wie geplant laufen, müssen Sie dann neu entscheiden, ob Sie dem Ziel noch mehr Zeit schenken oder einen anderen Punkt im Chart für den Verkauf nutzen. Wie Sie diese Ziele abschätzen können, erfahren Sie im Kapitel der Chartanalyse.

Wichtig ist hierbei noch die Zeitangabe. Bei jeder Order können Sie mit angeben, wie lange sie gültig sein soll. Nur diesen Tag? Oder bis Ende des Monats? Oder noch länger? In der Regel können Sie genau das Datum auswählen, wann der Broker Ihre Order wieder löscht, wenn sie bis dahin nicht ausgeführt wird. Fast unbegrenzt offene Orders gibt es natürlich auch, diese sind dann je nach Broker einige Monate offen.

Was aber, wenn Sie erst kaufen möchten, wenn die Kurse bis zu einem bestimmten Punkt gestiegen sind? Sagen wir, eine Aktie dümpelt seitwärts im Chart vor sich hin. Wenn diese aber irgendwann wieder Käufer anlockt und steigt, möchten Sie auch dabei sein. Dann nutzen Sie eine **Stop-Buy-Order**.

Damit zeigen Sie Ihrem Broker, dass Sie ab einem gewissen Preis einsteigen wollen. Kostet die Aktie derzeit 5 Euro und sie möchten einsteigen, wenn Sie über 6 Euro kostet, dann verwenden Sie die Stop-Buy-Order. In dem Fall wird Ihre Order erst ausgeführt, wenn die Aktie 6 Euro kostet.

Beim Trading geht es bekanntermaßen in beide Richtungen. So können Sie die **Stop-Sell-Order** nutzen, um auf weiterfallende Kurse zu setzen. Hierbei verkaufen Sie dann einen Wert, z.B. den DAX, erst, wenn der Kurs bis zu ihrem gewünschten Punkt gefallen ist.

Verkaufen können Sie in dem Sinne auch, obwohl Sie den Wert noch gar nicht im Depot haben. Sie gehen dann **short**. Gerade bei Indizes oder Rohstoffen ist das ganz normal.

Das Gegenteil dazu nennt sich **long**. Sie setzen dann auf steigende Kurse. Jeder Aktienkauf ist so gesehen ein Long-Trade, weil Sie wollen, dass die Aktie im Wert steigt. Die Begriffe long und short werden typischerweise beim Trading genutzt.

Stop-Loss ist der nächste Ordertyp, der von vielen Tradern genutzt wird. Beim Stop-Loss wird die Reißleine gezogen. Sie sagen Ihrem Broker, dass Sie zu einem fixen Preis verkaufen möchten.

Genau deshalb ist ein Stop-Loss oft entscheidend für das langfristige Überleben an der Börse. So werden die Gewinne abgesichert und Verluste beschränkt. Das ist einem erfolgreichen Trader wichtig!

Seltener verwendete Orderarten sind noch **Trailing-Stop** und **One Cancels The Other (OCO)**. Beim Trailing-Stop geben Sie keinen festen Kurs an, zu dem Sie verkaufen möchten, sondern nur den Abstand zum jetzigen Kurs. Steht eine Aktie bei 50 Euro und Sie geben einen Trailing-Stop von 10 Euro an, würde die Aktie bei 40 Euro verkauft werden. Aber nur, falls die Kurse direkt fallen.

Steigt die Aktie, wird vom Broker der Trailing-Stop automatisch Cent für Cent nachgezogen. Durch diese Orderart haben Sie mehr Potential, einen erfolgreichen Trade lange laufen zu lassen, bevor er letztlich geschlossen wird. Das ist besonders praktisch, wenn die Aktie sich in einem Trend bewegt und konstant steigt. Gehen Sie bei einem Wert short, also setzen Sie auf fallende Kurs, geht das natürlich genauso in die andere Richtung.

OCO bedeutet nichts anderes, als dass Sie zwei Ordertypen kombinieren. Welche hier zuerst ausgeführt wird, gewinnt. Die andere Order wird dann gelöscht. Zum Beispiel sieht das so aus: Sie haben eine Aktie, die 200 Euro kostet. Bei der OCO-Order geben Sie an, dass diese bei 230 Euro verkauft werden soll oder wenn sie unter 180 Euro fällt.

Sie haben somit ein Verkaufslimit und einen Stop-Loss gleichzeitig platziert. Welchen Kurs die Aktie jetzt zuerst erreicht, löst diesen Trade aus. Die andere Order wird dann gelöscht, weil sie nicht mehr ausgeführt werden kann. Sie besitzen die Aktie dann nicht mehr.

Schnellübersicht der verschiedenen Orderarten

Orderart	Erklärung
Market-Order	Unlimitierte Kauf- und Verkaufsorder, die zum nächstverfügbaren Preis in der verfügbaren Menge ausgeführt wird
Limit-Order	Limitierte Kauf- und Verkaufsorder, die zum festgelegten Preis oder besser ausgeführt wird
Stop-Order	Auftrag zum Kauf und Verkauf, der ausgeführt wird, sobald ein festgelegter Kurs erreicht ist *Stop-Buy-Order:* Kauf wird ausgeführt, sobald der festgelegte Kurs erreicht ist *Stop-Sell-Order:* Verkauf wird ausgeführt, sobald der festgelegte Kurs erreicht ist
Stop-Limit -Order	Wie bei Stop-Order wird bei Erreichen einer bestimmten Unter- oder Obergrenze eine Order aktiviert, jedoch als Limit-Order
Trailing-Stop-Order	Auftrag wird bei Erreichen eines bestimmten Abstands zum jetzigen Kurs ausgeführt
One Cancels The Other (OCO)	Kombination zweier Orderarten. Der Kurs, der zuerst erreicht wird, gewinnt und wird ausgeführt, der andere wird gelöscht

Ordergültigkeit

Wie oben bereits erwähnt, ist eine Order immer für eine von Ihnen festgelegte Zeit gültig. In seltenen Fällen können Sie das beim Broker aber nicht einfach über den Kalender einstellen. Dann gibt es noch vier Abkürzungen, die Sie zumindest einmal gelesen haben sollten.

GFD steht für Good for day. Die Order ist damit diesen Tag gültig.

GTD bedeutet Good till date und läuft dann bis zu einem – von Ihnen bestimmten – Handelstag.

GTC ist Good till cancelled und damit so lange aktiv, bis Sie die Order selbst stornieren.

Ultimo als letzte Odergültigkeit heißt, dass die Order bis Monatsende offen ist.

Nachdem Sie sich jetzt mit dem Basiswissen beschäftigt haben, geht es im nächsten Kapital ans Eingemachte. Sie lernen, wie Sie ein erfolgreicher Trader werden und welche Regeln es zu befolgen gilt.

Liebe Leserin, lieber Leser,

haben Sie schon viele Notizen am Buchrand? Mit Textmarker markierte Stellen im Buch? Prima! So soll es sein. Denn dieses Buch ist Ihr Schlüssel zum erfolgreichen Trading. Da sollten Sie die für Sie wichtigen Informationen schnell zur Hand haben und sofort wiederfinden.

So zum Beispiel wie Herr Berkholz schreibt, dass Sie mit wenig Geld starten sollten. Oder noch genauer so:

Der richtige Start

Handelsmaske kennenlernen: Paper-Trading – Ein Demokonto eröffnen und mit der Handelsumgebung vertraut machen.

Erste echte Trades: Nehmen Sie kleines Geld.

Erzielen Sie Gewinne, erhöhen Sie Ihren Einsatz.

Geht es mal daneben, setzen Sie beim nächsten Trade etwas weniger ein.

Auf diese Weise haben Sie schon sofort ein gutes Money Management.

Ein Wort zum Paper-Trading: Wenn Sie noch nie getradet haben, werden Sie merken, dass sich alles verändert, sobald Sie mit richtigem Geld in den Markt einsteigen. Es ist völlig anders als Paper-Trading.

Rote Zahlen im Depot zeigen Ihnen Buchverluste.

Schwarze Zahlen sind die gewünschten Gewinne.

Beides mit echtem Geld. Ihrem Geld.

Es ist anders, als wenn es um nichts geht (Paper-Trading).

Da müssen Sie ruhig bleiben. Nicht ängstlich. Nicht gierig. Deswegen: Starten Sie mit kleinem Geld, aber starten Sie mit echtem Geld, nachdem Sie die Handelsmaske Ihres Brokers kennengelernt haben. Eine Schritt-für-Schritt-Anleitung auf Seite 218 in diesem Buch wird Sie mit der Handelsmaske vertraut machen.

Es ergibt sich nahezu von selbst, dass Sie voraussichtlich mit Hebelpapieren wie Optionen, Optionsscheine, Zertifikate oder ähnlichem traden, wenn Sie nicht allzu viel Geld an die Börse geben. Wenn Sie gegebenenfalls später mit größeren Summen traden, bieten sich natürlich auch Aktien zum Traden an. Was genau Hebelpapiere sind und welches das für Sie passende Finanzinstrument ist, um Geld zu machen, finden Sie in Schritt 7 heraus.

Das Traden selbst ist mit Hebelpapieren und Aktien gleich.

Billig kaufen – teuer verkaufen

Davor kommt die Recherche. Beim Hebelpapier recherchieren Sie den Basiswert des Hebelpapiers (Aktie, Index, Rohstoff und so weiter), weitere Informationen dazu folgen im Kapitel der Finanzinstrumente. Bei der Aktie recherchieren Sie natürlich direkt die Aktie, logisch. So oder so schauen Sie sich den Chart an. Worauf es da ankommt, lesen Sie im Kapitel Charttechnik von Dr. Gregor Bauer. Der – das sei hier gesagt – einer der besten seines Fachs ist.

Ob Sie Daytrading oder Swingtrading betreiben, spielt für den Basiswert, den Sie nutzen, keine Rolle. Nur liquide muss ihr Papier sein. Und - wenn Sie mit Aktien handeln, muss das Depotvolumen entsprechend sein.

Market oder Limit?

Herr Berkholz hat im Grunde 2 Hauptgruppen von Orderarten vorgestellt:

Market-Order und Limit-Order

Beide haben ihre Berechtigung. Ich kenne jedoch höchst erfolgreiche Trader, die NIE Market handeln. Ich hatte mich gewundert und habe mir dazu einen Trader zur Hilfe geholt, der so erfahren ist, wie wohl kaum ein anderer.

Herrn Heißmann, warum handeln Sie nie „Market"?

Seine einleuchtende Antwort: *Wenn ich per Market-Order kaufen oder verkaufen könnte, weil es zu einem schnellen Trade kommen soll, kann ich genauso gut die Limit-Order nehmen und das Limit etwas über dem aktuellen Kurs (bei Kauf) beziehungsweise unter dem aktuellen Kurs (bei Verkauf) setzen. Ich bekomme eine sofortige Ausführung, wie bei Market. Aber ich habe die Sicherheit, dass es nicht zu einem völlig unvorteilhaften Kurs kommt, weil es in der Sekunde, wo ich am Markt bin, zu einer Nachricht kommt, die den Kurs des von mir gehandelten Papiers explodieren oder crashen lässt. Unwahrscheinlich, nicht unmöglich. Ich habe es erlebt und handle deshalb immer mit Limit.*

Im Gespräch mit Herrn Heißmann kamen wir auch auf die Dauer der Orders. Auch hier gab es eine für mich überraschende Antwort. Er sagte:

Sprechen wir vom Trader als Job? Dann bin ich täglich am Markt. Immer. Entsprechend sind meine Orders immer tagesgültig. Abends gibt es keine offene Order mehr, damit vermeide ich böse Überraschungen dieser Art:

__Kauf:__ Wenn ich eine Kauforder in den Markt lege, die länger gültig ist, kann es mir passieren, dass es eine negative Nachricht zu der Aktie (Basiswert) gibt. Der Kurs crasht. Wenn ich dann noch zur Börseneröffnung mit meiner Order am Markt bin, werde ich unter Umständen zu einem extrem schlechten Kurs ausgeführt.

Verkauf: *Genau umgekehrt. Meine Verkaufsorder mag 5% über dem aktuellen Kurs liegen. Aufgrund guter Nachrichten verdoppelt sich der Kurs. Ich werde morgens zur Börseneröffnung abgefischt. Mein Papier geht mit den 5% oder auch 10% Kursgewinn raus. Sekunden später ist es das Doppelte wert.*

Auf meine Nachfrage, dass er die Orders dann ja täglich neu eingeben müsse, hat er gelacht und gesagt: *Das ist mein Job als Trader!*

So, genug der Theorie. Daytrading könnte mein Ding sein. Auch Swingtrading. Auf jeden Fall hat mich das Trading bis hierhin fasziniert. Aber wie mache ich Geld an der Börse? Wann kaufe ich, wann verkaufe ich?

Herr Dr. Bauer, wann geht's denn los? Wie geht Charttechnik denn nun genau? Widmen wir uns nun den 7 Schritten zum Geld machen. Sie erfahren, wie Sie Charts richtig analysieren und wann der richtige Zeitpunkt zum Kauf beziehungsweise Verkauf ist. Die technische Analyse ist für alle Börsenpapiere gleich und sie ist das Fundament fast jeden erfolgreichen Trades.

Um Ihnen diese erfolgreiche Analyse näher zu bringen, haben wir mit Herrn Dr. Gregor Bauer, Mitglied im Vorstand der Technischen Analysten, den wohl besten Spezialisten gefunden. Er führt Sie mit geldwerten Praxis-Tipps durch die Welt der technischen Analyse.

Ihre

Laura Walterscheid
Laura Walterscheid

Dr. Gregor Bauer (1–5)
Michael Berkholz (6)
Felix Lang (7)

DIE 7 SCHRITTE ZUM GELD MACHEN

Gewinn-Strategien mit der technischen Analyse

Diese Gewinn-Vorteile bietet Ihnen die technische Analyse

Die technische Analyse bietet Ihnen entscheidende Gewinn-Vorteile. Denn mit der Methode der technischen Analyse sind Sie in der Lage, mit einfachen Mitteln die aktuelle Marktsituation zu beurteilen, um daraus schnell und effizient Kursprognosen abzuleiten. Und dies ohne aufwendiges fundamentales Research, also ohne Geschäftsberichte gelesen zu haben oder betriebswirtschaftliche Kennziffern analysieren zu müssen.

Ein besonderer Vorteil der technischen Analyse liegt zudem darin, dass sie allgemeingültig in allen Märkten funktioniert, seien es also Aktienmärkte, Devisen, Zinsen, oder Rohstoffe.

Ein weiterer Vorteil ist, dass sie über alle Zeiträume funktioniert. Sie können also im Intraday Bereich im Wesentlichen dieselbe Methodik anwenden, die Sie auch bei der Analyse von Charts, die sich über mehrere Jahre erstrecken, verwenden.

Die technische Analyse stellt uns das Instrumentarium zur Verfügung, um aus den Charts das reale Verhalten der marktbestimmenden Investoren zu erkennen. Mit „marktbestimmenden Investoren" meine ich beispielsweise Versicherungen und Pensionskassen. Diese können durch massive Käufe neue Trends einleiten. Doch es gibt im Verlauf einer Trendbewegung immer auch schnelle, kurzfristige Auf- und Ab-Bewegungen. Diese schnellen Bewegungen treten oft um auffällige Hoch- und Tiefpunkte auf und führen zu einer erhöhten Schwankungsbreite der Kurse.

Mithilfe der vielfältigen Instrumente der technischen Analyse können Sie das Investoren-Verhalten analysieren und künftige Trends und Umkehrbewegungen prognostizieren.
Somit sind Sie dem Markt immer einen Gewinn-Schritt voraus.

Mein Fazit: Die technische Analyse gibt Ihnen das notwendige Handwerkszeug, um an der Börse gewinnbringend zu traden. Daher möchte ich in den folgenden Kapiteln mit Ihnen tiefer in die Materie „Trading" einsteigen!

Die Grundidee der Dow-Theorie: Die Basis für Ihre Trading-Gewinne

Charles Dow (1851–1902) kann als Vater der technischen Analyse bezeichnet werden. Er war nicht nur der Mit-Entwickler des bekannten **Dow-Jones-Indexes**, einem Aktienindex, der zur Messung der Entwicklung des US-amerikanischen Aktienmarktes dient, sondern er veröffentlichte Ende des 19. Jahrhunderts auch seine später als „Dow-Theorie" bezeichneten Beobachtungen zum Verhalten der Märkte. Seine dabei aufgestellten Theorien sind noch heute gültig und bilden nach wie vor die Grundlagen der technischen Analyse.

Das sagt uns die Dow Theorie:

1. <u>In jedem einzelnen Börsenkurs sowie in der Fortschreibung der Börsenkurse (also den Charts) sind bereits alle wichtigen Informationen enthalten</u>

Genau aus dem oben genannten Grund funktioniert die technische Analyse so gut für unser Trading. Jeder einzelne Börsenkurs stellt einen Preis dar, auf den sich Käufer und Verkäufer geeinigt haben. Also ist alles Wissen der beiden Handelspartner in jedem Kurs enthalten. Die Änderung der Börsenkurse, also die Entstehung der Charts, beschreibt daher die Änderung der Meinung der Marktteilnehmer. Für unser Trading ist es also nicht notwendig, selbst die fundamentale Situation des analysierten Werts zu kennen, also die genauen Unternehmenszahlen einer Aktie zum Beispiel.

2. <u>Die Märkte verlaufen in Trends</u>

Dow unterschied primäre Trends (länger als 1 Jahr dauernd), sekundäre Trends (3 Wochen bis mehrere Monate) und tertiäre Trends (weniger als 3 Wochen).

Hinweis: Diese Definition der Trendlängen bezieht sich nur auf längerfristige Betrachtungen, so wie sie Charles Dow anstellte. In praktischen Sprachgebrauch richtet sich die Definition der Trendlänge nach dem Anlagehorizont des Traders. Für einen Intraday-Trader ist beispielsweise der Primärtrend der Haupttrend eines Tages, der Sekundärtrend einige Stunden, der Tertiärtrend dann nur Minuten.

Primäre Trends haben drei Phasen

1. Phase: Die Akkumulationsphase – jetzt beginnt ein Trend

Hier kaufen die Profis. Die Abwärtsbewegung verlangsamt sich, die Aktienmärkte beginnen zu drehen, da der steigenden Nachfrage eine nur geringe Abgabebereitschaft entgegensteht. Dies ist üblicherweise die Phase nach einer langen Baisse, also sinkender Kurse der Börsen, in welcher sich die Privatanleger aus den Aktienmärkten zurückgezogen haben, bzw. zum Neueinstieg noch nicht bereit sind.

Mein Praxis-Tipp für Sie:

Dies ist der ideale Trading-Einstieg. Nutzen Sie Ausbrüche aus Trendumkehrformationen (Seite 87) und Oszillatoren (Seite 109) um früh in den Markt einzusteigen, denn „im Einkauf liegt der Gewinn".

2. Phase: Die „Public Phase" – jetzt kommt die Masse

Hier springt jetzt die breite Masse auf den fahrenden Zug auf. Die Aktienkurse steigen seit einigen Monaten, die Unternehmen melden wieder positive Quartalszahlen. Folglich berichtet die Presse auch wieder entsprechend positiv, die Privatanleger werden aufmerksam und steigen nach und nach wieder ein. Dazu kommen die Fonds, bei denen das Geld vieler Anleger gesammelt und an der Börse investiert wird, die in dieser Phase wieder neue Mittelzuflüsse verzeichnen und diese investieren müssen.

Mein Praxis-Tipp für Sie:

Der Trend setzt sich fort – und ist jetzt ihr Freund. Steigen Sie spätestens jetzt ein und folgen Sie jetzt dem Trend. Sind Sie bereits investiert, können Sie Ihre Position aufstocken. Nutzen Sie dazu Trendbestätigungsformationen (Seite 80) und Trendfolge-Indikatoren (Seite 99). Lassen Sie Gewinne laufen.

3. Phase: Die Distributionsphase – rette sich wer kann

Jetzt verkaufen die „Profis" die bei tiefen Kursen eingestiegen sind. Der Markt beginnt zu drehen. Jedoch kaufen schlecht informierte Anleger weiterhin. Dabei bilden sich oft Kursblasen. Meist erkennen die letzten Anleger sehr spät, dass sie falsch liegen und verkaufen in Panik. Die Blase platzt.

 Mein Praxis-Tipp für Sie:

Verkaufen Sie, bevor es die Masse tut! Dabei helfen Ihnen erneut die Trendumkehrformationen (Seite 87) und Oszillatoren (Seite 109). So optimieren Sie Ihre Gewinne.

Charts: Der Kursverlauf als Grundlage für erfolgreiche Trading-Strategien

Chart ist nicht gleich Chart, Kursinformationen können auf mehrere Arten graphisch dargestellt werden. Die verschiedenen Konstruktionsprinzipien von Charts unterscheiden sich auch bezüglich ihres Aussagegehalts.

Ich möchte Ihnen hier die am häufigsten verwendeten Chartdarstellungen erläutern

1. Linienchart – das Trendverhalten wird sichtbar
2. Balkenchart – die Balken geben Ihnen mehr Informationen
3. Kerzenchart – analysieren Sie wie die Profis

Darin unterscheiden sich die Darstellungen:

Linienchart – einfach, aber effektiv

Der Linienchart ist die einfachste graphische Darstellung von Kursverläufen und findet in den verschiedenen Börsenpublikationen weite Verbreitung. Er wird konstruiert, indem die Schlusskurse einer Periode, also z.B. die Tagesschlusskurse, miteinander verbunden werden. Die folgende Abbildung zeigt einen Linienchart des DAX, dem wichtigsten deutschen Aktienindex, der Entwicklung und Stand der Aktienkurse der 30 „größten" deutschen Aktiengesellschaften abbildet, von März bis Juli 2021, berechnet auf Basis von Tagesschlusskursen. Seit September 2021 wurde der DAX erweitert und bildet die 40 „größten" deutschen Akteingesellschaften ab.

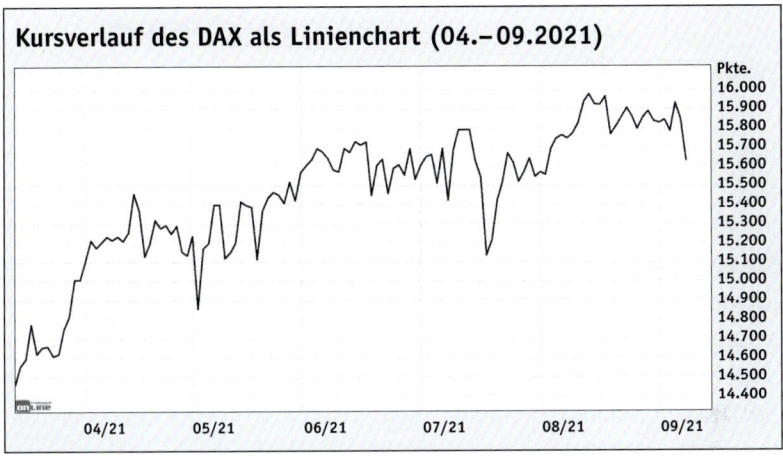

Kursverlauf des DAX als Linienchart (04.–09.2021)

Linienchart des DAX. Sie erkennen das Trendverhalten. Für eine professionelle und gewinnbringende Analyse fehlen jedoch noch wichtige Informationen.

Sie erkennen bereits Trendverläufe und Wendepunkte. Jedoch erkennen Sie keine weiteren Details wie Eröffnungskurs, Schlusskurs, Hoch- oder Tiefkurs eines Tages. Diese Informationen sind aber, wie Sie später noch sehen werden, sehr nützlich für unsere Analyse.

 Mein Praxis-Tipp für Sie:

Verwenden Sie keine Liniencharts. Es gehen wertvolle Informationen verloren.

Balkenchart – Die Balken geben Ihnen mehr Informationen

Der Balkenchart (englisch: Barchart) ist die in den USA verbreitetste Form der Chartdarstellung. Im Gegensatz zum Linienchart werden bei dieser Konstruktionsweise gleich vier Informationen gleichzeitig dargestellt, nämlich der Eröffnungskurs, der Schlusskurs, sowie die Hoch- und Tiefkurse einer jeden Periode. Es wird also der gesamte Periodenverlauf abgebildet. Eine Handelsperiode kann dabei von einer Minute bis zu einem Jahr dauern. Sie als Trader bestimmen die Periodenlänge selbst, wenn Sie solche Charts erstellen. Diese Darstellung bedeutet für Sie als Trader natürlich einen erheblichen Informationsgewinn. So können Sie erst durch diese Darstellung erkennen, ob ein Tag mit Gewinn oder Verlust abgeschlossen hat.

Zur optischen Vereinfachung habe ich für Sie im Chart des DAX weiter unten einen Tag mit fallenden Kursen als roten Balken und einen Tag mit steigenden Kursen als schwarzen Balken dargestellt. Durch die Länge des Balkens können Sie zudem die Kursbandbreite eines Tages abschätzen. Wichtig ist auch die Information, ob ein Tag in der Nähe des Hochs oder Tiefs geschlossen hat, also die Stimmung am Ende der Handelsperiode. Schließt beispielsweise der Kurs auf seinem Tagestief, so besteht die Wahrscheinlichkeit, dass sich die Abwärtsbewegung am nächsten Tag fortsetzt.

Die nachfolgende Abbildung verdeutlicht Ihnen schematisch die Konstruktion eines Balkens:

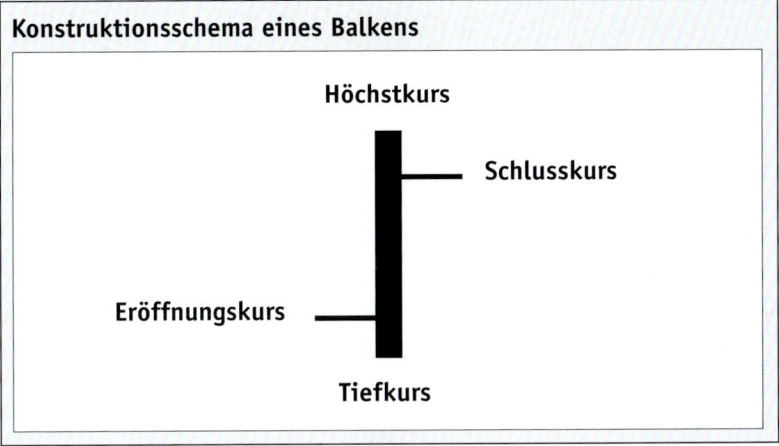

Konstruktionsschema eines Balkens

Höchstkurs

Schlusskurs

Eröffnungskurs

Tiefkurs

Schematische Darstellung der Konstruktion eines Balkens im Balkenchart. Sie erkennen jetzt die 4 wesentlichen Kurse einer Handelsperiode.

Die folgende Abbildung stellt im Vergleich zum Linienchart auf Seite 51 den Balkenchart des DAX über denselben Zeitraum dar. Ein Balken entspricht hier einem Tag. Der Informationsgehalt ist wesentlich höher, alle vier wichtigen Kurse einer Periode sind verzeichnet, also Hoch- und Tiefkurs sowie Eröffnungs- und Schlusskurs.

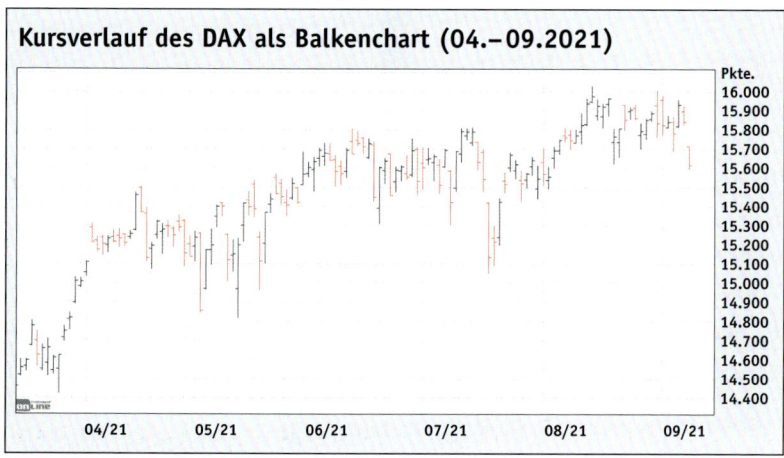

Darstellung des DAX im Balkenchart. Hier ist der genaue Verlauf eines Tages zu erkennen, also Eröffnungs- und Schluss-, Hoch- und -Tiefkurs. Ein roter Balken zeigt einen Tag mit fallenden Kursen, ein schwarzer Balken einen Tag mit steigenden Kursen.

Kerzenchart (Candlestick-Chart)
– Dies ist die anschaulichste Darstellung

Auch der Kerzenchart (englisch: Candlestick-Chart) zeigt den Eröffnungs- und Schlusskurs sowie den Hoch- und Tiefpunkt einer Handelsperiode. Eine Handelsperiode kann dabei wieder von einer Minute bis zu einem Jahr dauern. Sie als Trader bestimmen die Periodenlänge selbst, wenn Sie solche Charts erstellen. Die Kursdifferenz zwischen Eröffnungs- und Schlusskurs wird durch ein Rechteck dargestellt. Dieser wird Körper genannt. Je nachdem, ob der Eröffnungskurs unter oder über dem Schlusskurs liegt, spricht man von steigender bzw. fallender Kerze, oder auch bullischer beziehungsweise bearischer Kerze.

Diese werden in Chartprogrammen im Allgemeinen durch unterschiedliche Farben gekennzeichnet. In der unten folgenden Abbildung des DAX-Charts habe ich Ihnen eine steigende Kerze durch einen weißen Körper und eine fallende Kerze durch einen roten Körper dargestellt. Die Strecke zwischen Hochkurs und Schlusskurs (bei steigenden Märkten) beziehungsweise zwischen Hochkurs und Eröffnungskurs (bei fallenden Märkten) wird als „Docht" oder auch „oberer Schatten" bezeichnet. Die Strecke zwischen Tiefkurs und Eröffnungskurs beziehungsweise zwischen Tiefkurs und Schlusskurs bezeichnet man als „Lunte" oder „unteren Schatten".

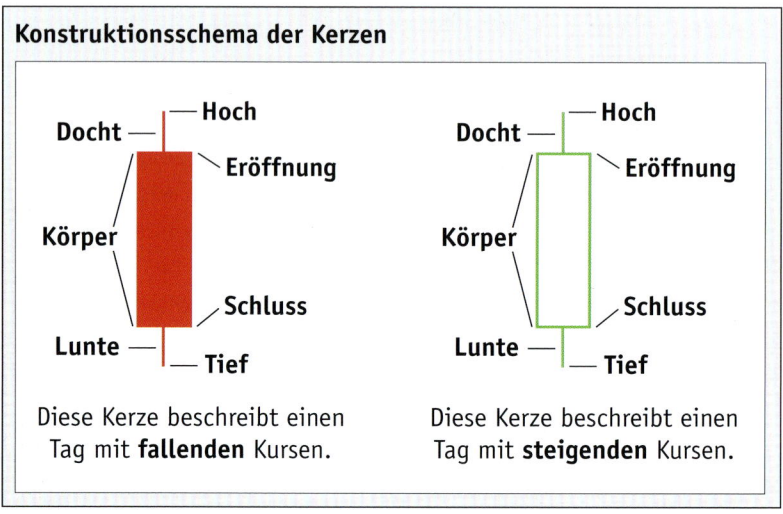

Konstruktionsschema der Kerzen

Diese Kerze beschreibt einen Tag mit **fallenden** Kursen.

Diese Kerze beschreibt einen Tag mit **steigenden** Kursen.

Schematische Darstellung der Konstruktion von Kerzen. Diese eignen sich besonders gut zur Interpretation von emotionalen Chartmustern.

Die Kerzencharts enthalten zwar prinzipiell die gleiche Information wie die Balkencharts, jedoch ist die Darstellung von Kursverläufen mit Kerzencharts die anschaulichste. Zudem sind viele „Kerzen-Formationen" definiert. Diese geben Ihnen ausgezeichnete Kaufsignale für Ihre erfolgreichen Trading-Einstiege. Mehr dazu lesen Sie gleich im folgenden Kapitel. Ich verwende für meine Analysen gleichwertig Balken- und Kerzencharts.

Die folgende Darstellung zeigt Ihnen den DAX mit Tageskerzen im Zeitraum April bis September 2021.

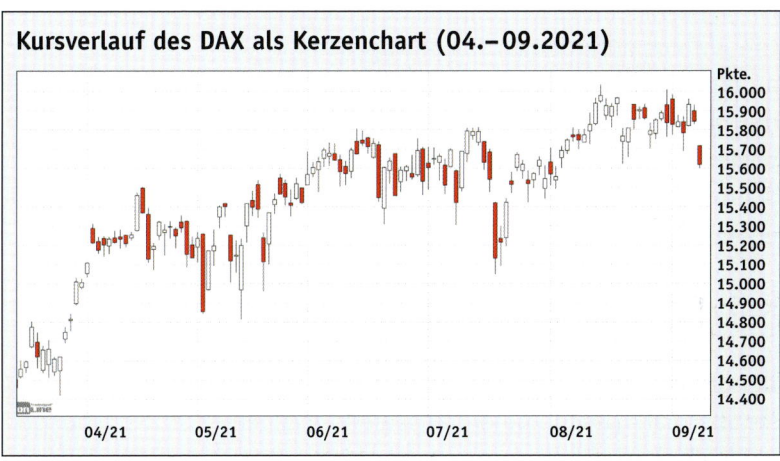

Kursverlauf des DAX als Kerzenchart (04.–09.2021)

Der DAX in der Kerzenchart-Darstellung. Diese Darstellung enthält den Eröffnungs- und Schlusskurs sowie den Hoch- und Tiefkurs eines Tages und ist die anschaulichste der drei hier erläuterten Chartarten. Eine rote Kerze zeigt einen Tag mit fallenden Kursen, eine schwarze Kerze einen Tag mit steigenden Kursen.

Kerzenchart –Analysieren Sie wie die Profis

Die besten Kerzen-Formationen für Ihren schnellen Trading-Erfolg

Die Kerzenchart-Technik ist eine Analysemethode, die ihren Ursprung bereits im Japan des 16. Jahrhunderts hat. Die gesamte Thematik der Kerzenchart-Analyse ist viel umfangreicher als hier dargestellt. Es sind in der Literatur über 100 Formationen beschrieben. Die am häufigsten vorkommenden Kerzen-Formationen bestehen dabei in der Regel aus einer bis zu drei Kerzen. Enthält eine Formation mehrere Kerzen, müssen diese in einer genau definierten Abfolge aufeinander folgen. Doch keine Sorge, ich habe Ihnen an dieser Stelle nur wenige dieser Formationen erläutert, nämlich die, die in der Praxis am häufigsten vorkommen und zudem die besten Gewinnmöglichkeiten aufweisen. So optimieren Sie Ihren Trading-Einstieg einfach und effizient und können hohe Gewinne erzielen.

Kerzen beschreiben die Marktstimmung

Der größte Vorteil, den Kerzencharts bieten, ist zweifellos der, dass sie die Marktpsychologie transparent machen, also Stimmungen verdeutlichen. Besonders gut sind dabei Stimmungsumschwünge zu beobachten. Diese treten natürlich hauptsächlich in Umkehrphasen auf. Die am häufigsten vorkommenden Kerzenformationen bestehen in der Regel aus einer bis drei Kerzen.

Die gewinnbringendsten Umkehrformationen aus einer Kerze

Der Hammer: Die treffsicherste untere Umkehrformationen

Der Hammer tritt immer am Ende einer Abwärtsbewegung auf. Es sollte daher eine abwärts gerichtete Kursbewegung vorausgehen. Diese sollte mindestens etwa 4–5 Handelstage anhalten. Wenn dann der Kurs am nächsten Tag über den Hochkurs des Hammers steigt, gilt die Formation als „bestätigt", und damit als vollendet. Sie können dann den Abschluss des Abwärtstrends und eine Fortsetzung der beginnenden Aufwärtsbewegung erwarten. Dies ist dann Ihr Signal zum Kauf. Führt ein Signal in den folgenden Tagen zu einem Gewinn, spricht man von einem „Treffer". Entsprechend wird eine „Trefferquote" definiert, denn auch hier gilt: Es kann nicht jedes Signal zum Gewinn führen. Eine Trefferquote von 100% ist in der Trading-Realität nicht möglich. Jedoch können Sie mit den von mir vorgestellten Kerzenformationen Trefferquoten von bis zu 70 oder 80 erzielen! Diese Formationen sind daher außerordentlich gewinnbringend.

Kriterien

- Der untere Schatten sollte mindestens zwei Mal so lang sein wie der Körper
- Es sollte keinen, oder nur einen kleinen oberen Schatten geben
- Das Signal wird erst durch eine weiße Kerze am nächsten Tag bestätigt
- Die Farbe des Körpers sollte weiß sein. Damit wird die höchste Trefferquote erzielt.

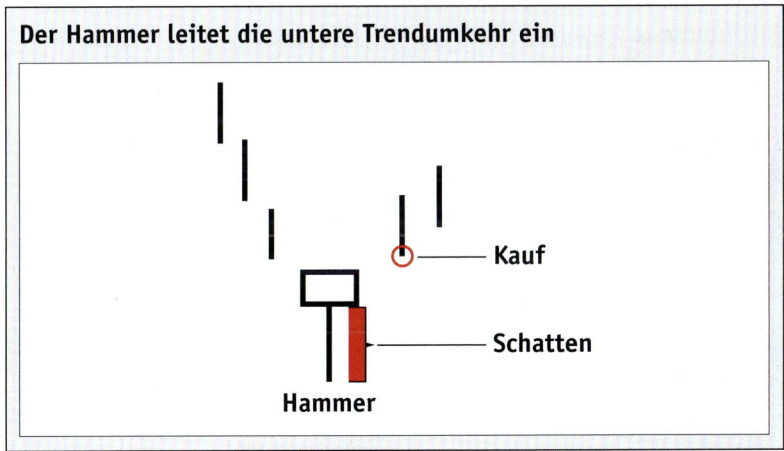

Der Hammer leitet die untere Trendumkehr ein

Kauf

Schatten

Hammer

Der Hammer tritt als untere Umkehrkerze auf und kommt häufig vor.

So handeln Sie diese Formation gewinnbringend:

Einstieg: Kaufen Sie, wenn der Kurs am Tag nachdem der Hammer ausgebildet wurde, über das Hoch des Hammers steigt.

Definieren Sie einen Stop-Loss um Ihr Risiko zu begrenzen. Hierbei legen Sie eine Kursgrenze fest, bei der Sie sagen: „Wenn der Kurs tiefer geht als bis zu diesem Punkt, verkaufe ich".

Stop-Loss: Der Stop-Loss muss mindestens am Tief des Hammers platziert werden.

Deshalb kann Ihnen diese Formation hohe Gewinne bringen:

Der Hammer signalisiert eine extrem bearische Stimmung am Ende eines Abwärtstrends.

Verkäufe überwiegen bei weitem das Angebot. Dann gewinnen die Bullen an Einfluss, und bringen den Kurs wieder in die Nähe des Eröffnungskurses, oder auch darüber hinaus.

Es entsteht ein schmaler Körper mit einem langen unteren Schatten.

Mein Praxis-Tipp für Sie:

Besonders signifikant ist diese Kerze, wenn sie einen weißen Körper hat und nach einem Kurseinbruch am Vortag auftritt. Kaufen Sie, wenn die Kanonen donnern!

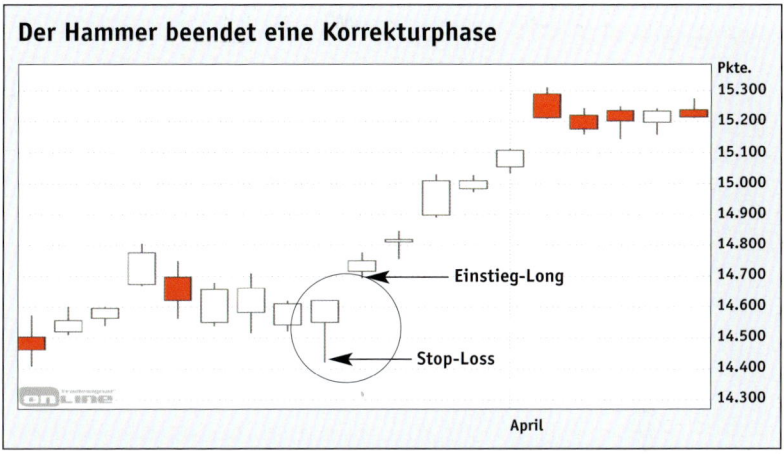

DAX: Ein Hammer mit weißem Körper deutet den Abschluss der Korrektur an. Der folgende Tag eröffnet bereits mit einer hohen Kurslücke. Trader steigen ein, wenn das Hoch des Hammers am nächsten Tag überboten wird. Der Aufwärtstrend setzt sich fort.

Der Shooting Star: Die treffsicherste obere Umkehrformation

Der Shooting Star ist das Gegenstück zum Hammer. Er tritt immer am Ende einer Aufwärtsbewegung auf. Wenn dann der Kurs am nächsten Tag unter das Tief der Formation fällt, gilt diese als bestätigt. Sie können dann eine Umkehr des **Aufwärtstrends**, also einer Folge jeweils höherer Hochs und Tiefs, und die Fortsetzung der Abwärtsbewegung erwarten. Das ist dann Ihr Signal zum Verkauf einer bestehenden Position oder auch zum Einstieg in eine Short-Position auf weiter fallende Kurse.

Kriterien

- Der obere Schatten sollte mindestens zwei Mal so lang wie der Körper sein.
- Es sollte keinen, oder nur einen kleinen unteren Schatten geben.
- Das Signal wird erst durch eine schwarze Kerze am nächsten Tag bestätigt.
- Der Körper sollte schwarz sein, damit erzielen Sie die beste Trefferquote.

Der Shooting Star leitet die obere Trendumkehr ein

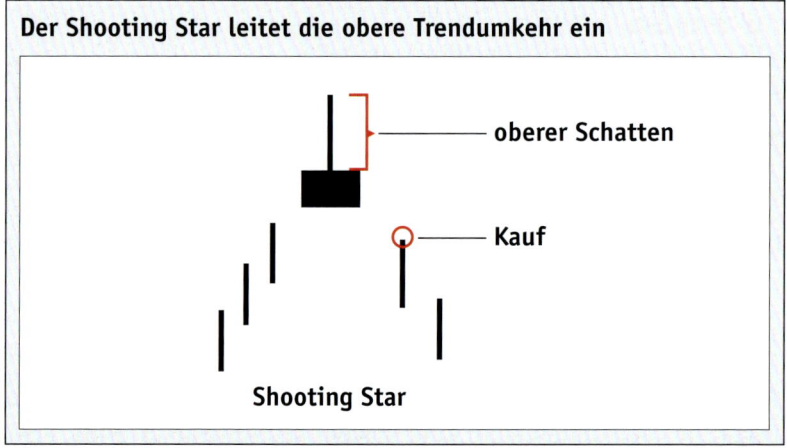

Der Shooting Star signalisiert das Ende des Aufwärtstrends und leitet die obere Umkehr ein.

So handeln Sie diese Formation gewinnbringend:

Einstieg-Short: Eröffnen Sie eine Short-Position, wenn der Kurs am Tag nachdem der Shooting Star ausgebildet wurde, unter das Tief des Shooting Stars fällt.

Stop-Loss: Der Stop-Loss muss spätestens am Hoch des Shooting Stars platziert werden.

Deshalb kann Ihnen diese Formation hohe Gewinne bringen:

Der Shooting Star veranschaulicht ein bekanntes psychologisches Szenario. Der Aufwärtstrend gerät ins „Überschießen". Der lange obere Schatten warnt die Bullen, dass ein zunehmender Verkaufsdruck entstehen könnte.

 Mein Praxis-Tipp für Sie:

Besonders signifikant ist diese Kerze, wenn sie einen schwarzen Körper hat und nach einem steilen Kursanstieg am Vortag auftritt. Nehmen Sie Gewinne mit, wenn andere zu gierig sind. Sehr hohe Gewinnchancen haben Sie auch, wenn Sie auf dieses Signal beispielsweise Put-Optionen kaufen. Nutzen Sie diese Chance, um auch von den fallenden Kursen zu profitieren!

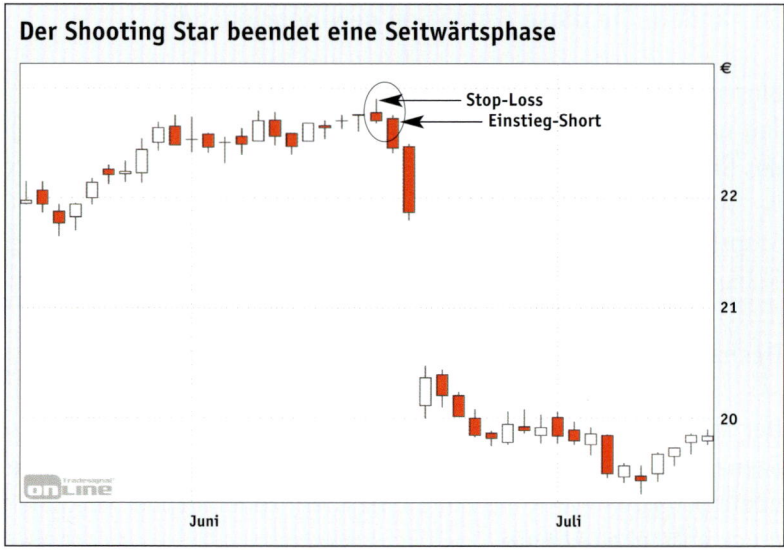

Der Shooting Star beendet eine Seitwärtsphase

Freenet, Tageskerzen: Der Shooting Star markiert einen Fehlausbruch aus einer Seitwärtsphase und leitet die obere Umkehr ein.

Die gewinnbringendsten Umkehrformationen aus zwei Kerzen

Bullish Engulfing Pattern / Bearish Engulfing Pattern – Die zweite Kerze leitet die Umkehr ein

Das Bullish Engulfing Pattern beschreibt die Umkehr eines Abwärtstrends, das Bearish Engulfing Pattern die Umkehr eines Aufwärtstrends. Engulfing bedeutet „umschließen", die zweite Kerze umschließt sehr anschaulich die erste, und leitet damit die Umkehr ein.

Kriterien

- Der Körper der zweiten Kerze umschließt den Körper der ersten Kerze vollständig. Dabei werden die Schatten nicht beachtet.
- Der Körper der ersten Kerze sollte die Farbe des bisherigen Trendverlaufs haben. Also für das Bullish Engulfing Pattern rot, oder wie hier dargestellt schwarz, weil zunächst ein Abwärtstrend vorliegt. Für das Bearish Engulfing Pattern sollte der Körper weiß sein, weil zunächst ein Aufwärtstrend vorliegt. Der zweite Kerzenkörper muss dann die jeweils entgegengesetzte Farbe aufweisen.

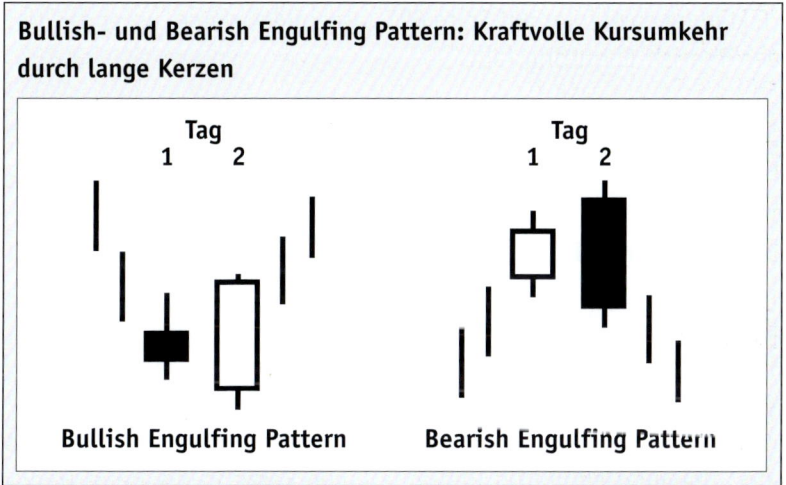

Bullish- und Bearish Engulfing Pattern: Kraftvolle Kursumkehr durch lange Kerzen

Tag 1 2

Tag 1 2

Bullish Engulfing Pattern

Bearish Engulfing Pattern

Die treffsichersten Trendwendeformationen aus zwei Kerzen. Die jeweils zweite Kerze (Tag 2) muss die erste (Tag 1) umschließen (englisch „engulfing") und in die Gegenrichtung des ursprünglichen Trends laufen.

Bullish Engulfing:

Einstieg-Long: Eröffnen Sie eine Long-Position, da Sie steigende Kurse erwarten, wenn der Kurs am Tag nachdem das Bearish Engulfing ausgebildet wurde und über das Hoch des Bullish Engulfing steigt.

Stop-Loss: Der Stop-Loss muss spätestens am Tief des Bullish Engulfing platziert werden.

Bearish Engulfing:

Einstieg-Short: Eröffnen Sie eine Short-Position, da Sie fallende Kurse erwarten, wenn der Kurs am Tag nachdem der Evening Star (Erklärung dazu folgt auf Seite 69) ausgebildet wurde, unter das Tief des Bearish Engulfing fällt.

Stop-Loss: Der Stop-Loss muss spätestens am Hoch des Bearish Engulfing platziert werden.

Deshalb können Ihnen diese Formationen hohe Gewinne bringen:

Die erste Kerze der Formation bestätigt noch den jeweiligen Trend, sie zeigt aber oft schon Anzeichen der Unsicherheit, nämlich einen kleinen Körper und einen kurzen Schatten. Die zweite Kerze eröffnet noch mit einem Gap (Kurssprung) in Trendrichtung, dann kippt die Stimmung endgültig und eine lange Kerze in die neue Trendrichtung bildet sich.

Mein Praxis-Tipp für Sie:

Je größer der Unterschied in der Länge des Körpers zwischen der ersten und der zweiten Kerze, desto signifikanter ist die Formation. Positiv ist auch, wenn der Körper der Kerze an Tag 2 nicht nur den Körper der Kerze an Tag 1 umschließt, sondern auch noch die oberen und unteren Schatten dieser Kerze.

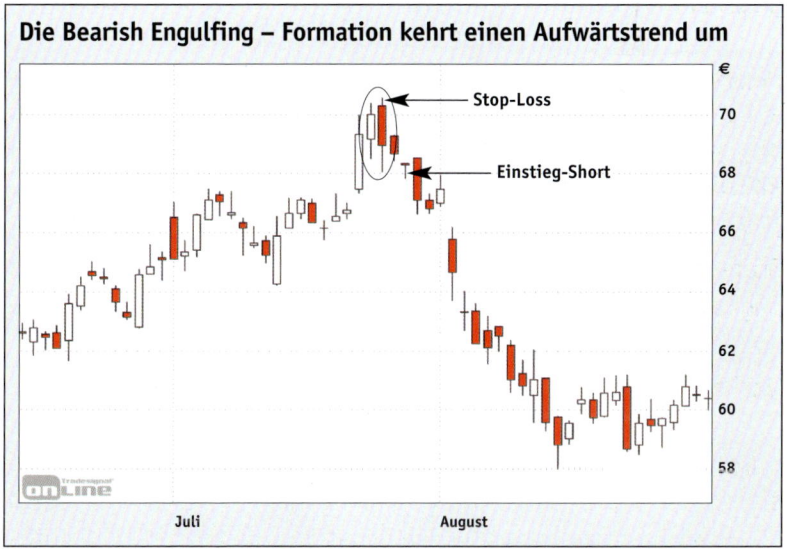

BMW, Tageskerzen: Nach einem steilen Kursanstieg bildet sich eine Bearish Engulfing - Formation, die den Abwärtstrend einleitet. Das Short-Signal entsteht hier erst am 2. Tag nach dem Abschluss der Formation.

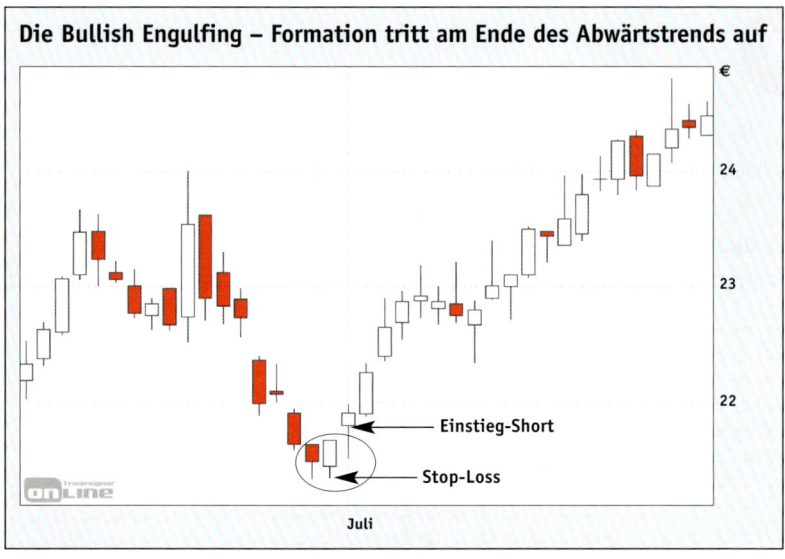

Die Bullish Engulfing – Formation tritt am Ende des Abwärtstrends auf

RWE, Tageskerzen: Nach einem Kurseinbruch bildet sich eine Bullish Engul-fing - Formation, die den Abwärtstrend beendet und die Umkehr einleitet.

Die gewinnbringendsten Formationen aus drei Kerzen

Morning Star / Evening Star – Sterne für die Gewinn-Umkehr

Der Morning Star leitet die Umkehr eines Abwärtstrends ein, der Evening Star die Umkehr eines Aufwärtstrends. Die Umkehr wird hier, im Gegensatz zu den oben erläuterten Formationen, nicht schon mit der zweiten, sondern erst mit der dritten Kerze eingeleitet.

Kriterien
- **Morning Star:** Der Körper der ersten Kerze ist schwarz. Die zweite Kerze zeigt erst einmal nur die Unsicherheit, und kann verschiedene Formen annehmen. Sie wird „Star" genannt. Die zweite Kerze ist im Idealfall mit einer Kurslücke von der ersten / und oder der zweiten Kerze getrennt. Der Körper der dritten Kerze ist lang und weiß, und leitet die Umkehr ein.
- **Evening Star:** Der Körper der ersten Kerze ist weiß. Die zweite Kerze zeigt ebenfalls erst einmal nur die Unsicherheit, und kann verschiedene Formen annehmen. Die zweite Kerze ist im Idealfall mit einer Kurslücke von der ersten / und oder der zweiten Kerze getrennt. Der Körper der dritten Kerze ist schwarz und leitet die Umkehr ein. Der Schlusskurs des dritten Tages soll mindestens über der Mittellinie der ersten Kerze liegen.

Morning Star / Evening Star: Der dritte Tag bringt die Umkehr

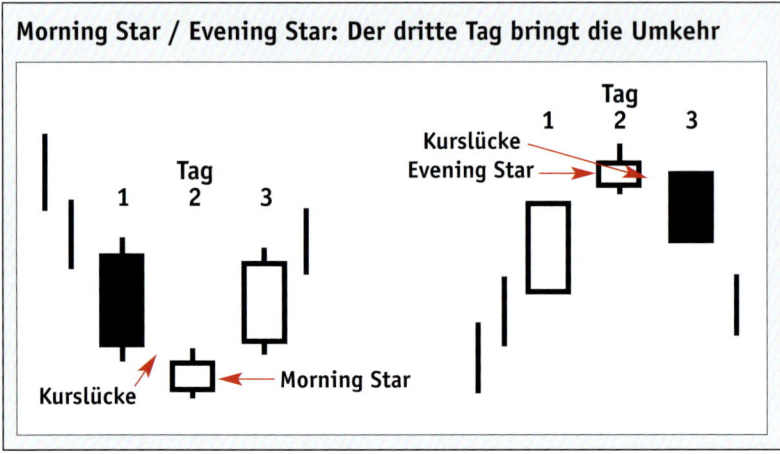

Die treffsichersten Trendwendeformationen aus zwei Kerzen. Die jeweils zweite Kerze (Tag 2) muss die erste (Tag 1) umschließen (englisch „engulfing") und in die Gegenrichtung des ursprünglichen Trends laufen.

So handeln Sie diese Formationen gewinnbringend:

Morning Star:

Einstieg-Long: Eröffnen Sie eine Long-Position, wenn der Kurs am Tag nachdem der Morning Star ausgebildet wurde, über das Hoch des Morning Star steigt.

Stop-Loss: Der Stop-Loss muss spätestens am Tief des Morning Stars platziert werden.

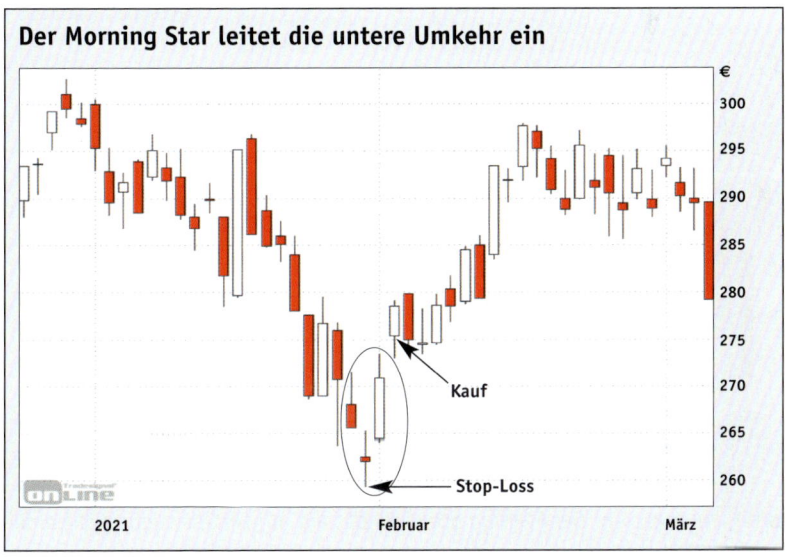

Adidas, Tageskerzen: Der Morning Star beendet die Abwärtsbewegung mit einer langen weißen Kerze.

Evening Star:

Einstieg-Short: Eröffnen Sie eine Short-Position, wenn der Kurs am Tag nachdem der Evening Star ausgebildet wurde, unter das Tief des Evening Star fällt.

Stop-Loss: Der Stop-Loss muss spätestens am Hoch des Evening Stars platziert werden.

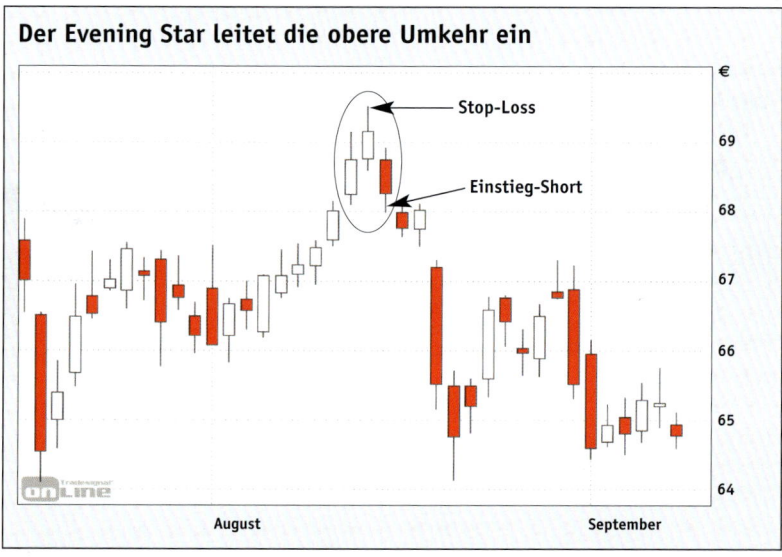

Der Evening Star leitet die obere Umkehr ein

BASF, Tageskerzen: Der Evening Star beendet die Aufwärtsbewegung mit einer langen roten Kerze.

Deshalb können Ihnen diese Formationen hohe Gewinne bringen:

Die erste Kerze bestätigt den jeweils vorherrschenden Trend. Der zweite Tag eröffnet mit einer Kurslücke, und zeigt Anzeichen eines „Paniktages" mit hoher Unsicherheit. Am Ende des Tages aber ist eine schon eine vorsichtige Änderung der Stimmung erkennbar. Diese wird am dritten Tag durch eine entsprechend lange Kerze in die neue Trendrichtung bestätigt.

Mein Praxis-Tipp für Sie:

Je länger die erste und dritte Kerze sind, desto dynamischer erfolgt die Umkehr. Kurslücken nach der ersten und / oder vor der zweiten Kerze erhöhen die Prognosesicherheit.

Charts, das Abbild der Märkte: So analysieren Sie richtig

„The trend is your friend" – so zeichnen Sie Trendlinien richtig

Die Bestimmung von Trends und ihrer Umkehr ist eine wesentliche Aufgabe der technischen Analyse. Wir können drei Richtungen von Trends unterscheiden: Aufwärts-, Abwärts- und Seitwärtstrends.

Ein Aufwärtstrend ist dabei definiert durch eine Folge jeweils höherer Hochs und Tiefs, ein Abwärtstrend durch eine Folge jeweils tieferer Hochs und Tiefs und ein Seitwärtstrend durch eine Folge gleich hoher Hochs und Tiefs.

Wie Sie die Trendlinien in der Praxis anwenden

Ein wichtiges Hilfsmittel bei der Analyse von Charts ist das Einzeichnen der Trendlinien.

Trends verlaufen nie linear, sondern immer in Wellen. Daher finden sich in einem Aufwärtstrend immer untere Umkehrpunkte, d.h., hier läuft der Kurs nach einer Korrektur wieder aufwärts. Diese werden miteinander verbunden, und ergeben dadurch die Aufwärtstrendlinie. In einem Abwärtstrend gibt es immer obere Umkehrpunkte, hier läuft der Kurs nach einer kurzfristigen Aufwärtsbewegung wieder abwärts. Diese werden entsprechend miteinander verbunden, und ergeben dadurch die Abwärtstrendlinie. Eine Aufwärtstrendlinie wird also unterhalb des Kursverlaufs gezeichnet, eine Abwärtstrendlinie oberhalb des Kursverlaufs.

Schematische Darstellung eines Aufwärts-, Abwärts- und Seitwärtstrends

Der Trend hat drei Richtungen		
Aufwärtstrend	**Abwärtstrend**	**Seitwärtstrend**
Eine Abfolge von steigenden Hochs und steigenden Tiefs.	Eine Abfolge von fallenden Hochs und fallenden Tiefs.	Im Seitwärtstrend sind horizontale Hochs und Tiefs zu erkennen (oft trendlos genannt) > 30% der Zeit befindet sich der Markt in einer „Trading Range".

Quelle: VTAD e.V., CFTe 1 – Workshop.

Märkte verlaufen in Aufwärts-, Abwärts- oder Seitwärtstrends (auch „Trading Range" genannt). Die Bestimmung der Trendrichtung ist eine wichtige Voraussetzung zur Umsetzung einer Trading-Strategie.

In der folgenden Abbildung des DAX sehen Sie verschiedene Trendlinien.

DAX, Tageschart: Märkte verlaufen immer in Trends: Aufwärts, abwärts, seitwärts. In der Abbildung sind nur die längeren Trends eingetragen, die Trendbrüche sind mit einem Kreis markiert.

Widerstand und Unterstützung – so nutzen Sie diese wichtigen Chartbereiche

Die Begriffe Unterstützung und Widerstand definieren sich aus der Richtung, aus welcher sich der Kurs auf eine solche Linie zubewegt.

Definition Widerstand:

Eine Linie oder ein horizontal verlaufender Kursbereich, der oberhalb des aktuellen Kurses verläuft, wird als Widerstand bezeichnet.

Widerstand ist der Kursbereich, in dem wiederholt stärkeres Angebot festgestellt wird, das die Nachfrage übersteigt.

Kurse prallen, von unten kommend, an Widerständen wieder nach unten ab. Es kommt Verkaufsdruck in den Markt.

Definition Unterstützung:

Eine Linie oder ein horizontal verlaufender Kursbereich, der unterhalb des aktuellen Kurses verläuft, wird als Unterstützung bezeichnet.

Der Unterstützungsbereich ist der Kursbereich, in dem wiederholt stärkere Nachfrage festgestellt wird, die den Verkaufsdruck übersteigt.

Kurse prallen, von oben kommend, an Unterstützungen wieder nach oben ab. Es kommt Kaufdruck in den Markt.

Es gilt:

Je häufiger eine Widerstands-/Unterstützungslinie getestet worden ist, ohne durchbrochen zu werden, desto wichtiger wird sie für den weiteren Kursverlauf.

Wenn ein(e) Widerstand (Unterstützung) nachhaltig überwunden (unterschritten) wurde, wird dieser(e) im weiteren Verlauf zur Unterstützung (Widerstand).

Unterstützungen und Widerstände spiegeln das Kräfteverhältnis zwischen Angebot und Nachfrage wider.

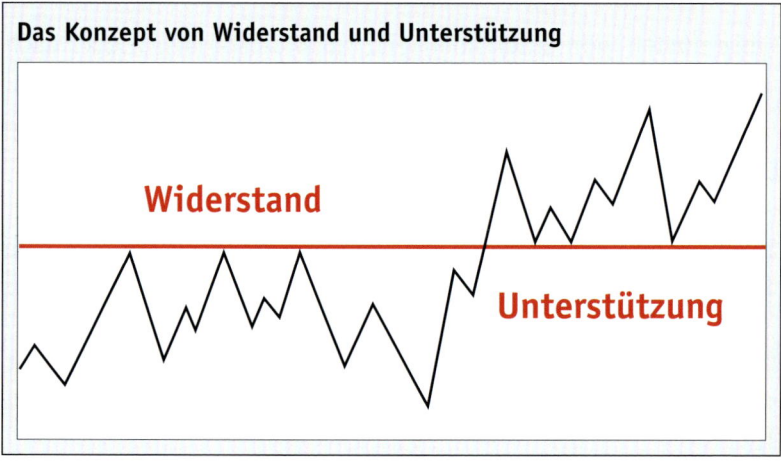

Wenn eine horizontale Widerstandslinie signifikant nach oben durchbrochen wird, wird aus dem ehemaligen Widerstand eine Unterstützung.

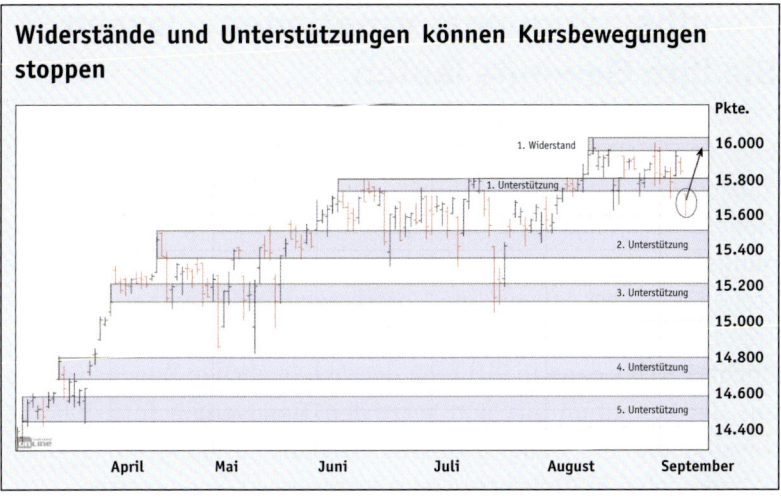

Widerstände und Unterstützungen können Kursbewegungen stoppen

DAX, Tageschart: Der DAX prallte Anfang Juli 2021 vom 1. Widerstand nach unten ab und durchbrach auch die 1. Unterstützung. An der 2. Unterstützung prallte er nach oben ab. Aktuelles Kursziel ist bei Erstellung des Charts wieder der Bereich des 1. Widerstands.

 Mein Praxis-Tipp für Sie:

Analysieren Sie diese wichtigen Chartbereiche genau. Diese eigenen sich ausgezeichnet, um Stops sinnvoll zu platzieren. Kaufen Sie beispielsweise nach einem Bruch eines Widerstands eine Aktie, platzieren Sie Ihren Stop-Loss zur Absicherung unterhalb der Ausbruchszone, also unterhalb der dann aktuellen Unterstützungslinie.

Trendbestätigungsformationen – lassen Sie Ihre Gewinne laufen

Eine der Grundlagen der technischen Analyse ist die Suche nach Kursmustern, auch Formationen genannt. Man unterscheidet in Trendbestätigungs- und Trendumkehrformationen. **Trendbestätigungsformationen** bilden sich entgegen der Trendrichtung aus. Sie stellen zunächst immer eine Unterbrechung des vorherrschenden Trends dar, verlaufen also als Konsolidierung des Haupttrends. Bricht der Kurs dann in Richtung der ursprünglichen Trendbewegung aus der Formation aus und setzt den Trendverlauf fort, gilt die Konsolidierung als abgeschlossen. Trendbestätigungsformationen können dabei in Aufwärts- und Abwärtstrends vorkommen.

Nachfolgend habe ich Ihnen die Formationen näher erläutert, die auf Basis statistischer Auswertungen die besten Gewinn-Chancen versprechen.

Das aufsteigende Dreieck bestätigt einen Aufwärtstrend, **das absteigende Dreieck** den Abwärtstrend. Das Dreieck sollte aus jeweils mindestens drei oberen und drei unteren Umkehrpunkten gebildet sein. Der Ausbruch sollte spätentens nach 3/4 der Strecke zur Spitze erfolgen, sonst fehlt die notwendige Dynamik und es besteht die Gefahr, das der Ausbruch eher in einen Seitwärtstrend übergeht.

Eine weitere wichtige Information die Sie aus diesen Formationen ziehen können, ist die Bestimmung der entsprechenden Kursziele. In den folgenden Abbbildungen habe ich dies verdeutlicht. Die größte Höhe des Dreiecks wird dabei am Ausbruchspunkt in die Ausbruchsrichtung abgetragen und bildet das Kursziel.

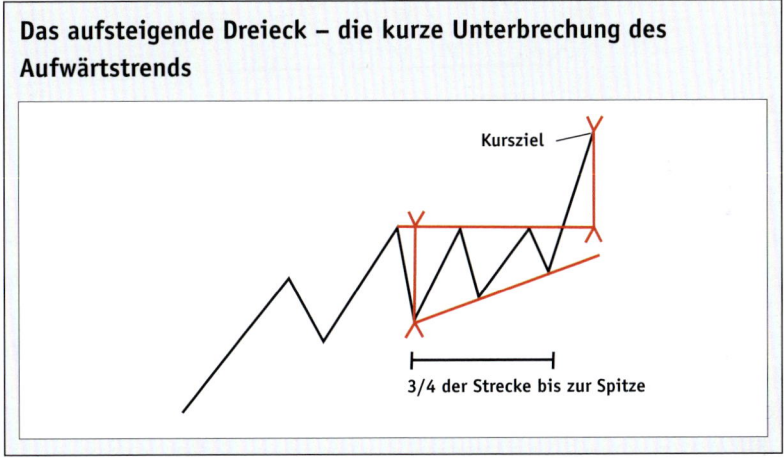

Das aufsteigende Dreieck – die kurze Unterbrechung des Aufwärtstrends

Kursziel

3/4 der Strecke bis zur Spitze

Das aufsteigende Dreieck ist eine Trendbestätigungsformation im Aufwärtstrend. Ideal: Der Ausbruch erfolgt nicht später als auf 3/4 der Strecke zur Spitze. Das Kursziel kann durch Abtragen der im Dreieck markierten Strecke nach oben, nach dem Kursdurchbruch bestimmt werden.

Das absteigende Dreieck – die kurze Unterbrechung des Abwärtstrends

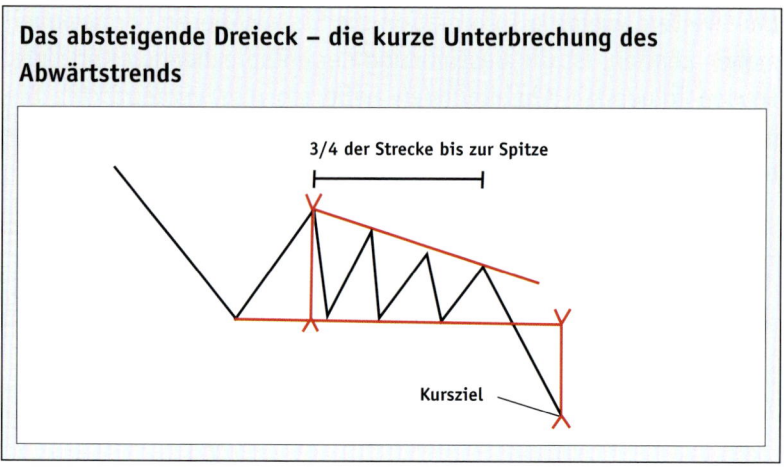

Das absteigende Dreieck ist eine Trendbestätigungsformation im Abwärtstrend. Das Kursziel kann durch Abtragen der markierten Strecke nach unten, nach dem Kursausbruch bestimmt werden.

Mein Praxis-Tipp für Sie:

Steigende und fallende Dreiecke sind sehr ausagekräftige Formationen. Handeln Sie diese! Warten Sie jedoch immer auf den Ausbruch in Trendrichtung, bevor Sie eine Position eingehen. Nehmen Sie den Ausbruch nicht vorweg und steigen zu früh ein. So können Sie häufig vorkommenden Fehlsignale vermeiden.

Die Flagge bildet eine weitere häufig zu beobachtende Bestätigungsformation. Eine Flagge bildet sich am Ende einer starken Kursbewegung, vergleichbar mit einem Flaggenmast. Die Flagge selbst besteht aus einem Rechteck, dass abwärts geneigt ist (hier dann eine Fortsetzungsformation in einem Aufwärtstrend) oder aufwärts gerichtet ist (Fortsetzungsformation in einem Abwärtstrend). Auch bei der Flagge ist die Bestimmung des Kursziel nach der Konsolidierung einen nützliche Information für den Analysten. Die folgende Abbildung zeigt eine Flagge im Aufwärtstrend sowie im Abwärtstrend.

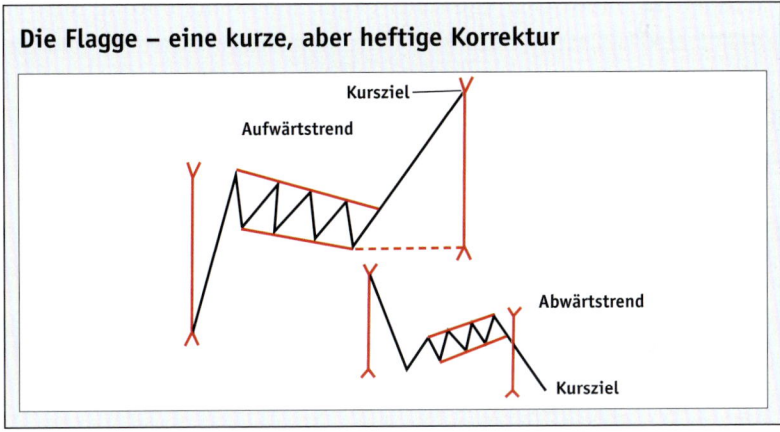

Die Flagge – eine kurze, aber heftige Korrektur

Kursziel

Aufwärtstrend

Abwärtstrend

Kursziel

Die Flagge ist eine Trendbestätigungsformation die im Aufwärtstrend aber auch im Abwärtstrend vorkommt. Die Flagge ist dabei immer entgegen der vorherrschenden Trendrichtung ausgebildet. Kurszielbestimmung möglich.

Mein Praxis-Tipp für Sie:

Der Ausbruch aus einer Flagge ist ein sehr gutes Signal. Beachten Sie, dass die Flagge und der Flaggenmast mal länger, mal mal kürzer sein können. Manchmal liegt die Bestimmung der Formation etwas „im Auge des Betrachters". Warten Sie immer auf den deutlichen Ausbruch des Kurses aus der Flagge, bevor Sie handeln.

Der Keil ähnelt dem Dreieck, ist jedoch länger und schmaler ausgebildet. Er bildet sich ebenfalls gegen die Trendrichtung aus, er kommt also als steigender Keil (in einem Abwärtstrend!) und als fallender Keil (in einem Aufwärtstrend!) vor. Bei einem Keil ist erfahrungsgemäß die Kurszielbestimmung weniger signifikant als beispielsweise bei einem Dreieck.

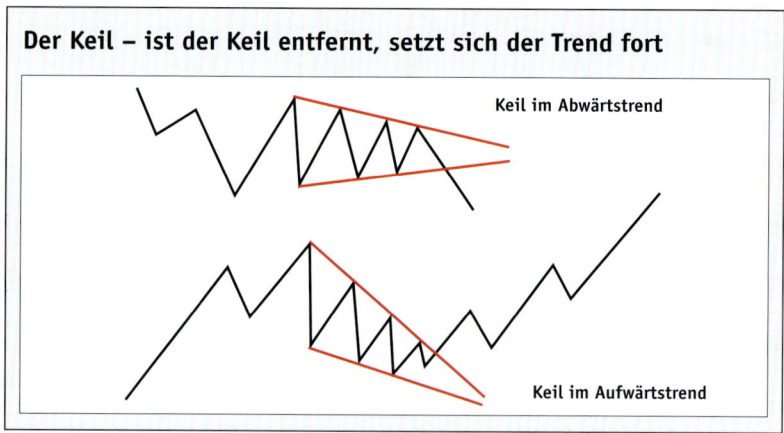

Der Keil – ist der Keil entfernt, setzt sich der Trend fort

Keil im Abwärtstrend

Keil im Aufwärtstrend

Der Keil kann als Trendbestätigung im Aufwärtstrend und im Abwärtstrend vorkommen. Der Keil ist ebenfalls immer gegen die Trendrichtung ausgebildet.

Das Rechteck signalisiert eine seitwärts verlaufende Konsolidierungsphase. Der Ausbruch erfolgt meistens in Richtung des vorherrschenden Trends. Also nach oben in einem Aufwärtstrend, nach unten in einem Abwärtstrend. Hier sollten Sie das Handelsvolumen beachten. Steigt das Volumen, wenn sich obere Umkehrpunkte bilden, so erhöht sich die Wahrscheinlichkeit eines Ausbruchs nach oben, und umgekehrt. Das Kursziel wird bestimmt, indem die Höhe des Rechtecks am Ausbruchsniveau in Ausbruchsrichtung abgetragen wird.

Mein Praxis-Tipp für Sie:

Keile und Rechtecke lassen sich in der Praxis oft schwer unterscheiden. Wie auch immer Sie die Formation dann bezeichnen, die Ausbrüche aus beiden Formationen geben sehr gute Trading-Signale.

Das Rechteck – die klassische Seitwärtsbewegung

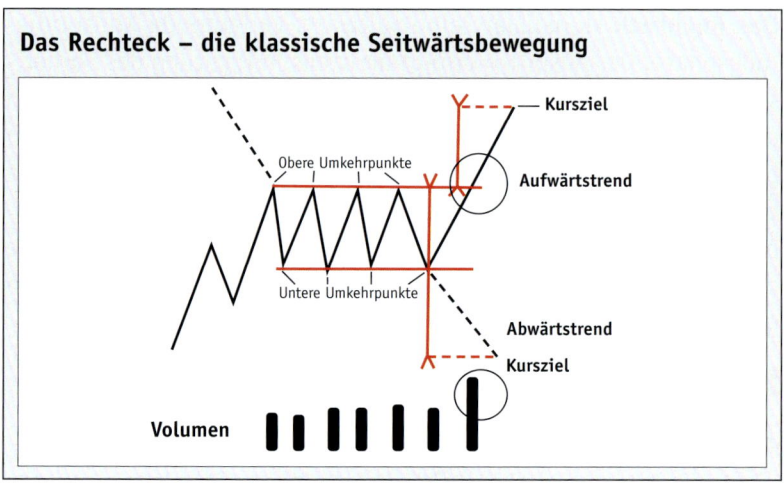

Das Rechteck signalisiert eine Seitwärtsphase. Diese Konsolidierung kann ebenfalls in einem Aufwärtstrend (durchgezogene Linie) oder einem Abwärtstrend (gestrichelte Linie) auftreten. Kurszielbestimmung ist, wie in der Abbildung verdeutlicht, möglich.

Die Höhe des Handelsvolumens ist schematisch anhand der Höhe der Balken abzulesen. Je höher der Balken, desto höher das gehandelte Volumen. Im Chart habe ich Ihnen das erhöhte Handelsvolumen beim Ausbruch markiert.

 Mein Praxis-Tipp für Sie:

Ein Rechteck von ausreichender Höhe stellt grundsätzlich eine gute Tradingrange dar, also eine Seitwärtsphase mit deutlich ausgeprägten Wellenbewegungen. Diese können Sie erfolgreich mit Oszillatoren handeln (siehe dazu Seite 109).

Trendumkehrformation – nehmen Sie Gewinne mit

Nichts hält ewig. Auch ein Trend besteht so lange bis er bricht, sagt eine alte Börsenregel. Genau an diesen Punkten treten Trendumkehrformationen auf.

Darauf sollten Sie bei allen Umkehrformationen achten:

- Eine Umkehrformation kann nur am Ende eines Trends auftreten, daher muss ein solcher eindeutig bestimmt sein
- Der Bruch einer wichtigen Trendlinie leitet oftmals eine Umkehrformation ein
- Je länger sich eine Formation bildet und je größer Ihre Ausmaße sind, desto größer ist das Ausmaß der nachfolgenden Bewegung
- Die Umsätze sollten am Tag des Ausbruchs aus der Formation und mindestens einen Tag danach deutlich steigen

Die Schulter-Kopf-Schulter-Formation ist eine der bekanntesten Formationen, obwohl sie wesentlich seltener auftritt als beispielsweise ein Doppeltop oder die V-Umkehr (siehe dazu später). Die Formation wird im Aufwärtstrend als SKS-Formation bezeichnet, beziehungsweise als untere Umkehrformation als inverse SKS-Formation. Bei dieser sind die Schultern und der Kopf entsprechend als Tiefpunkte ausgebildet.

Auf diese Punkte müssen Sie bei der Interpretation der SKS-Formation achten

1. Die Formation ist erst beendet, wenn der Kurs unter die Nackenlinie bricht (wie im Fall der inversen SKS) bzw. über die Nackenlinie steigt (bei der „eigentlichen" SKS).

2. Besonders beachten sollten Sie das Volumen, dass bei der Ausbildung der jeweiligen Formationsteile auftritt. Dabei sollte die Ausbildung der linken Schulter mit hohem Volumen einhergehen, die folgende Korrekturbewegung, also die Bewegung hin zur Ausbildung des Kopfes, mit niedrigem. Der Kopf selber, also das Hoch (obere SKS) bzw. Tief (untere SKS) der Formation wird bei hohen Umsätzen gebildet, die aber geringer als diejenigen bei Ausbildung der linken Schulter sind. Die rechte Schulter wird dann bei vergleichsweise geringen Umsätzen gebildet.

Die Kopf-Schulter-Formation – dem Trend ist die Luft ausgegangen

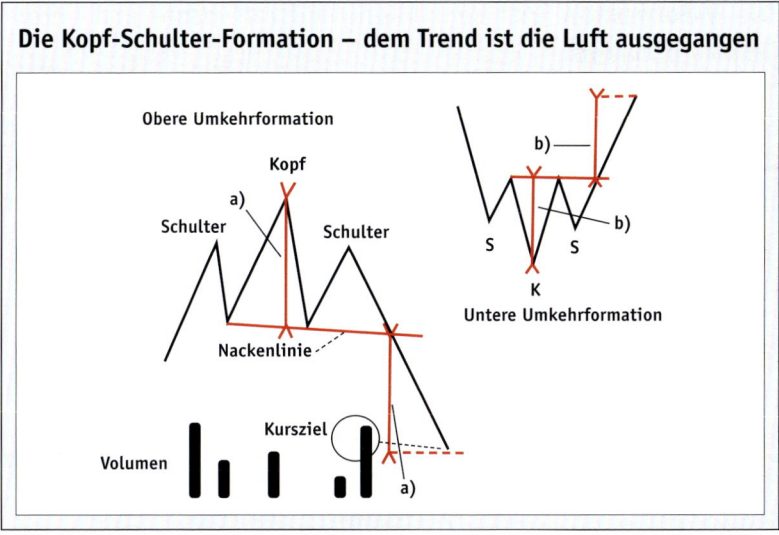

In der Graphik ist die Schulter-Kopf-Schulter-Formation als obere Umkehr-formation abgebildet und die inverse Schulter-Kopf-Schulter-Formation als untere Umkehr. Das Kursziel der SKS wird durch Abtragen der Strecke a) nach dem Durchbruch nach unten bestimmt Das Kursziel der inversen SKS wird durch Abtragen der Strecke b) nach oben bestimmt. In der unteren Zeile der oberen Formation ist die Entwicklung des Volumens aufgetragen. Dies gilt genauso für die untere Umkehr der SKS.

 Mein Praxis-Tipp für Sie:

Die obere und untere SKS-Formation sind ausgezeichnet funktio-nierende Umkehrformationen. Spätestens nachdem der Kurs unter die Nackenlinie einer oberen SKS-Formation gefallen ist, sollten Sie Ihre Long-Position schließen. Entsprechend können Sie auf steigende Kurse setzen, wenn ein Kurs über die Nackenlinie einer unteren SKS-Formation steigt. Besonders wichtig ist, dass die Umsätze beim Durchbruch durch die Nackenlinie stark steigen. Umso geringer ist dann nämlich die Gefahr eines Fehlausbruchs.

Die V-Formation tritt sehr häufig auf, als obere und untere Umkehrformation.

Sie tritt hauptsächlich nach steilen Trendverläufen auf, nach denen sich der Trend ebenso unvermittelt umkehrt. Die Trendwende wird häufig durch einen einzigen Tag, manchmal auch durch zwei oder drei Tage eingeleitet.

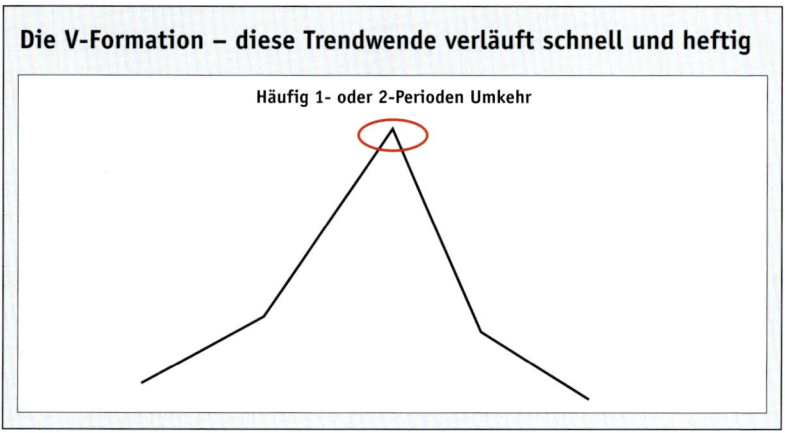

Die V-Formation – diese Trendwende verläuft schnell und heftig

Häufig 1- oder 2-Perioden Umkehr

Die V-Formation als obere Umkehr. Der Richtungswechsel erfolgt sehr schnell.

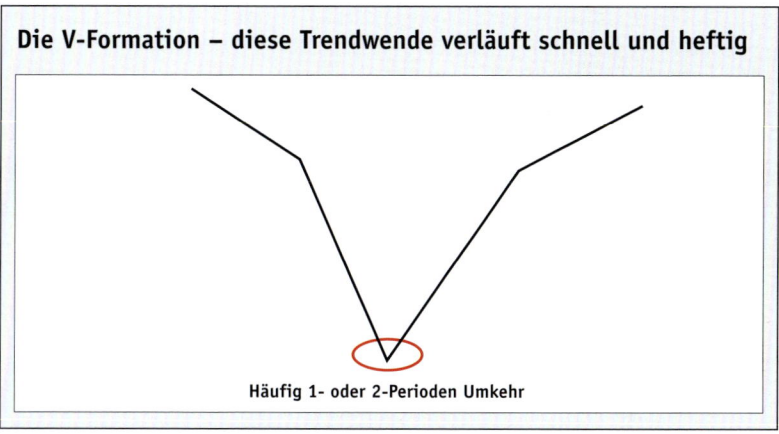

Die V-Formation – diese Trendwende verläuft schnell und heftig

Häufig 1- oder 2-Perioden Umkehr

Die V-Formation als untere Umkehr. Die Form des V wird bei der Ausbildung als untere Umkehrformation deutlich.

 Mein Praxis-Tipp für Sie:

Die V-Formation verläuft sehr schnell. Achten Sie insbesondere nach einem sehr steilen Kursanstieg oder einem entsprechend starken Kurseinbruch auf die mögliche Umkehr am folgenden Tag. Handeln Sie dann schnell! Bekannte Beispiele einer oberen und unteren V-Umkehr habe ich Ihnen in der folgenden Abbildung am Chartverlauf des DAX während des Corona-Crashs 2020 markiert.

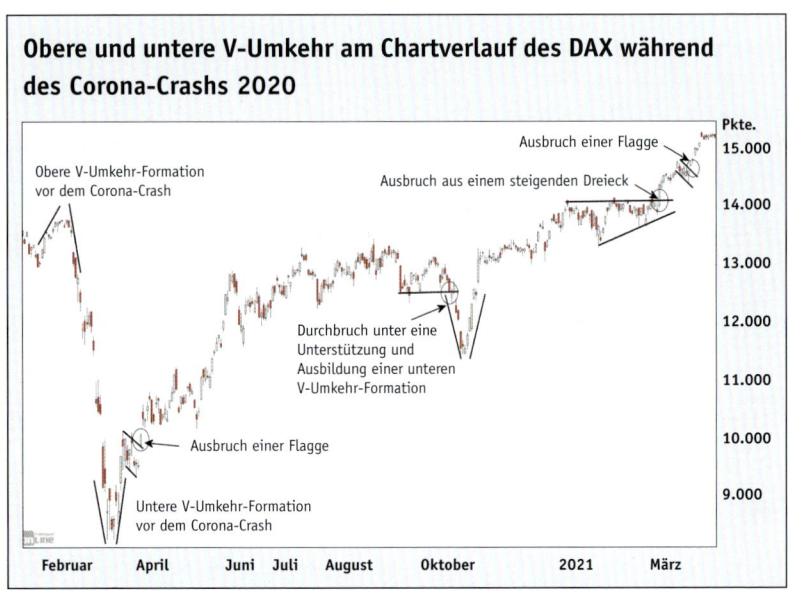

Obere und untere V-Umkehr am Chartverlauf des DAX während des Corona-Crashs 2020

DAX, Tageschart: Die Ausbrüche aus den beiden Flaggen ergeben gute Long-Signale, ebenso wie der Ausbruch aus dem steigenden Dreieck. Vor und nach dem Corona-Crash entstand eine obere V-Umkehr-Formation, die Abwärtsbewegung wurde mit einer unteren V-Formation beendet. Ebenso trat eine untere V-Umkehr im November 2020 nach dem Durchbruch unter eine Unterstützung auf. Ausbrüche aus Formationen ergaben ausgezeichnete Signale für hohe Trading-Gewinne.

Das Doppel-Hoch und Doppel-Tief (auch M-Formation bzw. W-Formation genannt) kommen sehr häufig vor. In der Praxis sind jedoch die beiden Spitzen nicht immer auf exakt der gleichen Höhe. Die folgende Abbildung zeigt schematisch die obere Umkehr, das Doppel-Hoch, und die untere Umkehr, das Doppel-Tief.

Die M-Formation ist abgeschlossen, wenn der Tiefpunkt zwischen den beiden Hochs nach unten durchbrochen wird. Verkaufen Sie Ihre Long-Position beziehungsweise eröffnen Sie eine Short-Position. Die W-Formation ist abgeschlossen, wenn der Hochpunkt zwischen den beiden Tiefs nach oben durchbrochen wird. Verkaufen Sie Ihre Short-Position beziehungsweise eröffnen Sie eine Long-Position.

Hierbei ist ebenfalls eine Kurszielbestimmung möglich, wie in der Abbildung dargestellt.

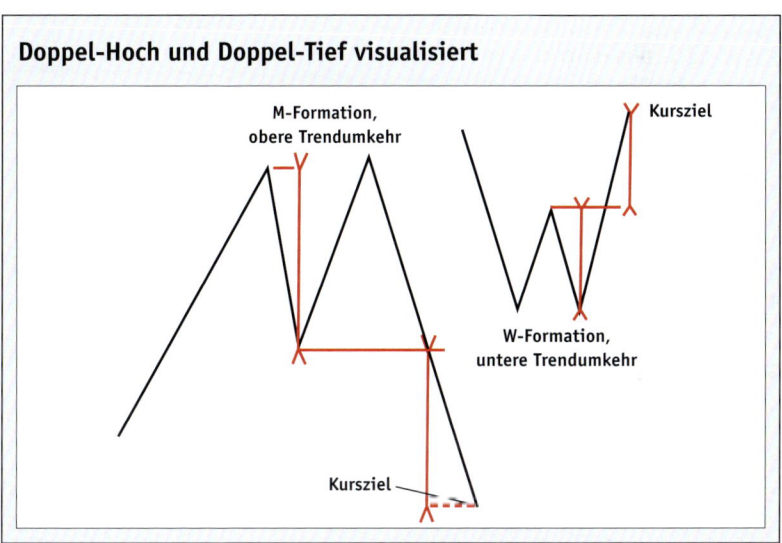

Doppel-Hoch und Doppel-Tief visualisiert

Die Graphik stellt das Doppel-Hoch als obere Umkehrformation dar, auch M-Formation genannt. Als untere Umkehr wird Sie als Doppel-Tief bezeichnet, auch W-Formation genannt. Die Kurszielbestimmung ist wie abgebildet möglich.

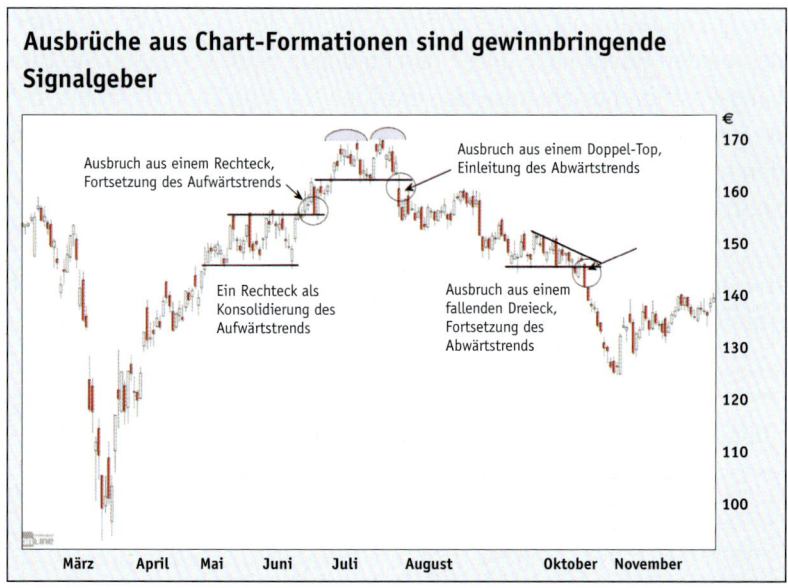

Ausbrüche aus Chart-Formationen sind gewinnbringende Signalgeber

Ausbruch aus einem Rechteck, Fortsetzung des Aufwärtstrends

Ausbruch aus einem Doppel-Top, Einleitung des Abwärtstrends

Ein Rechteck als Konsolidierung des Aufwärtstrends

Ausbruch aus einem fallenden Dreieck, Fortsetzung des Abwärtstrends

Deutsche Börse, Tageschart: Nach dem Ausbruch aus dem Rechteck bildet der Chart ein Doppel-Top und im weiteren Verlauf ein fallendes Dreieck. In beiden Fällen erhalten Trader gute Short-Signale.

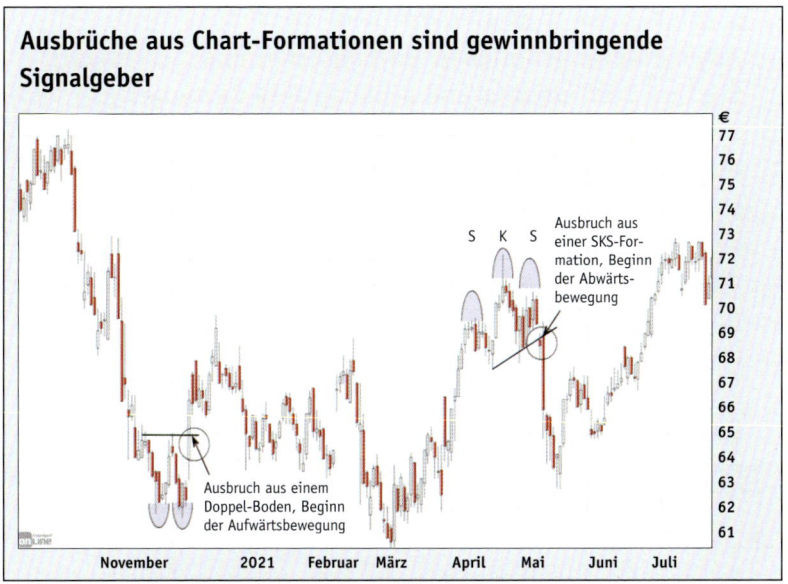

Ausbrüche aus Chart-Formationen sind gewinnbringende Signalgeber

Scout 24, Tageschart: Der Abschluss des Doppel-Boden generiert ein lukratives Long-Signal für Trader, die Vollendung der oberen SKS-Formation stellt entsprechend ein ausgezeichnetes Short-Signal dar.

Aus meiner persönlichen Trading-Erfahrung: So steigern Sie Ihre Trefferquote und erhöhen Ihre Gewinne!

Alle Formationen, die ich Ihnen weiter oben erläutert habe, sind idealtypisch dargestellt, also so, wie sie nach der klassischen Chartlehre interpretiert werden sollten. Dies gilt für die dargestellten Trendfortsetzungs- und auch für die Umkehrformationen. In der Praxis müssen Sie aber Vorsicht walten lassen.

Daher hier meine persönlichen Tipps für Ihre Trading-Gewinne:

1. Reagieren Sie auf Ausbrüche in die „falsche" Richtung

Es kommt natürlich vor, dass der Kurs aus einer Trendbestätigungsformation in die eigentlich „falsche", also die dem Trend entgegengesetzte Richtung, ausbricht. Handeln Sie dann entsprechend und gehen Sie kein Risiko ein. Der Kurs könnte umkehren. Stellen Sie Ihre trendfolgende Position glatt.

2. Handeln Sie immer nur dann, wenn eine Formation auch wirklich abgeschlossen ist

Handeln Sie immer nur dann, wenn die Formation auch wirklich abgeschlossen ist, wie ich es Ihnen bei den einzelnen Formationen erläutert habe. Für ein SKS gilt beispielsweise, handeln Sie nur dann, wenn die Nackenlinie auch wirklich nach unten durchbrochen wurde. Die Gefahr eines Fehlsignals, also des erneuten Zurückfallens des Kurses an die Ausbruchslinie, vermeiden Sie am besten dadurch, dass Sie erst dann handeln, wenn der Kurs ca. 2%–3% in die „richtige" Richtung gelaufen ist.

3. Handeln Sie NIE nur auf „Verdacht"

Versuchen Sie bitte nie, Ausbrüche zu antizipieren, also hellseherische Fähigkeiten zu entwickeln. Der Chart zeigt Ihnen den richtigen Zeitpunkt. Dann aber heißt es: Sofort handeln! Ich weiß nur zu gut, was Sie jetzt denken: Wenn ich doch früher in den Markt einsteige, kann ich auch mehr Gewinn machen. Falsch! Das Verhältnis Chance zu Risiko ist wesentlich schlechter. Ihr Risiko steigt, dass sich der Kurs eben doch nicht in die gewünschte Richtung entwickelt. Das mag zwar mal gut gehen, aber auf Dauer werden Sie damit verlieren. Verschenken Sie lieber am Anfang ein paar Euro, fahren dafür aber am Ende einen sichereren Gewinn ein.

Technische Indikatoren – so „berechnen" Sie den künftigen Kursverlauf

Neben der visuellen Charttechnik werden in der technischen Analyse auch Indikatoren eingesetzt. Die ersten Indikatoren wurden bereits in den 50er - Jahren entwickelt, und jedes Jahr werden von Investoren und Analysten aus aller Welt neue Indikatoren entwickelt und veröffentlicht. Mittlerweile sind mehrere tausend Indikatoren in der Literatur zu finden.

Die Vielzahl an verfügbaren Indikatoren teilt man gemäß ihrer Funktion in verschiedene Gruppen ein. Wir beschäftigen uns hier insbesondere mit denen der Gruppe der „Trendfolge-Indikatoren" und der „Oszillatoren".

Im Rahmen dieses Kapitels werde ich nur auf einige der bekanntesten und gut funktionierenden Indikatoren eingehen. Ich habe zudem auf eine ausführliche mathematische Darstellung verzichtet.

Ich werde diese nur erläutern, soweit sie zum Verständnis der Funktionsweise des Indikators wichtig ist. Möchten Sie sich mit einem Indikator näher beschäftigen, können Sie diesen einfach googeln. Sie werden zu jedem Indikator ausführliche Beschreibungen auf frei zugänglichen Webseiten finden.

Trendfolge-Indikatoren: So wird der Trend Ihr Freund

Trendfolge-Indikatoren sind für mittel- bis längerfristig orientierte Investoren eine wertvolle Hilfe, um Trendverläufe und insbesondere Trendänderungen zu erkennen.

Sie kennen den Spruch „Der Trend ist dein Freund – solange bis er bricht". Trendfolge-Indikatoren signalisieren dem Investor den Beginn eines Trends, zeigen an, dass der Trend anhält und geben dann wieder ein Signal, wenn der Trend umkehrt. Dies gilt für Auf- und Abwärtstrends. Ein Trendfolge-Indikator zeigt beispielsweise den Beginn eines Aufwärtstrends durch ein bestimmtes Signal an. Wie diese Indikatorsignale genau aussehen, erläutere ich Ihnen jeweils an den Beispielen der im Folgenden beschriebenen Indikatoren.

Dieses Kaufsignal hält so lange an, wie der Aufwärtstrend anhält. Bricht dann der Trend und kehrt sich in einen Abwärtstrend um, gibt der Trendfolge-Indikator ein Signal zum Verkauf. Dieses Verkaufssignal ist jetzt wiederum so lange gültig, solang der Abwärtstrend anhält. Kehrt dann der Abwärtstrend um und geht wieder in einen Aufwärtstrend über, gibt der Indikator erneut ein Kaufsignal. Und so setzt sich die Signalgebung fort. Investoren können also anhand des aktuellen Trendverlaufs ihre Handelsentscheidungen treffen.

Schauen wir uns nun einige der bekanntesten Trendfolge-Indikatoren näher an.

Gleitende Durchschnitte – diese geben die Richtung vor

Der „einfachste" Trendfolge-Indikator ist der gleitende Durchschnitt (GD).

Die technische Analyse unterscheidet in
- einfache gleitende Durchschnitte
- gewichtete gleitende Durchschnitte
- exponentiell gewichtete gleitende Durchschnitte

Der **einfache gleitende Durchschnitt** wird berechnet, in dem die Schlusskurse einer jeden Periode über einen bestimmten Zeitraum addiert werden, und durch die Anzahl der Perioden geteilt wird. Also werden zur Berechnung eines gleitenden Durchschnitts über 14 Perioden (GD14) die letzten 14 Schlusskurse addiert und durch 14 geteilt. Jeder neue Kurs ersetzt dann den jeweils „ältesten". Bei der Berechnung der einfachen GD hat jeder Kurs das gleiche Gewicht. Eine Periode kann dabei von einer Handelsminute bis zu einem Handelsjahr betragen.

Zur Berechnung der **gewichteten gleitenden Durchschnitte** werden die jüngeren Kurse jeweils mit Gewichtungsfaktoren multipliziert, und zwar die jüngsten mit dem höchsten Faktor. Die Faktoren ergeben in der Summe 1. Die aktuellen Kurse erhalten daher ein höheres Gewicht.

Exponentiell gleitende Durchschnitte errechnen sich aus der Differenz des gestrigen zum heutigen Kurs, wobei diese Differenz mit einem exponentiellen Gewichtungsfaktor multipliziert wird. Dieses Produkt wird zum gestrigen Wert addiert und ergibt den heutigen.

So nutzen Sie die Handelssignale

Für alle drei Varianten gilt: Wenn der Kurs seinen GD von unten nach oben schneidet, wird ein Kaufsignal erzeugt, wenn er ihn von oben nach unten schneidet, ein Verkaufssignal.

Deshalb funktioniert dieser Indikator:

Aus der „Psychologie" hinter dem Konzept der gleitenden Durchschnitte können Sie folgendes herauslesen: Jeder Kurs stellt einen Wertekonsens aller Marktteilnehmer zu einem bestimmten Wert dar. Ein Chart gibt daher die Marktstimmung im eigentlichen Sinne wieder und dadurch die im Markt vorherrschende Trendrichtung. Ein gleitender Durchschnitt stellt einen „durchschnittlichen" Wertekonsens über eine bestimmte definierte Zeitspanne dar. Eine Änderung der Richtung eines GD zeigt damit eine Änderung des „Sentiments" an, also der Stimmung des Marktes.

Wenn also der schnelle Kursverlauf von unten kommend über den langsameren GD steigt, zeigt dies eine beginnende Änderung des Verhaltens der Marktteilnehmer. Also einen Stimmungsumschwung, denn die Investoren beginnen zu kaufen, es könnte ein Aufwärtstrend beginnen.

Mein Praxis-Tipp für Sie:

Gleitende Durchschnitte generieren Signale gemäß ihrer Konstruktion mit einer gewissen Zeitverzögerung. Diese ist umso größer, je länger die Periode des GD gewählt wird.

Häufig eingesetzt werden im langfristigen Bereich 200 Tage oder 100 Tage, im kürzeren Bereich 38 Tage und 10 Tage. In der Praxis am häufigsten eingesetzt werden einfache GD. Ich selbst verwende ebenfalls hauptsächlich den einfachen gleitenden Durchschnitt. Ich habe noch keinen signifikanten und allgemeingültigen Vorteil der anderen Berechnungsarten gegenüber dem einfachen GD erkennen können.

DAX, Tageschart: Die 200-Tage und die 100-Tagelinie zeigen den übergeordneten Trend und geben eine wichtige Orientierung. Sie sind aber als Signalgeber wegen der langen Zeitverzögerung zum Traden nicht geeignet.

Verwenden Sie besser zwei gleitende Durchschnitte

Die Methode zur Signalerzeugung mittels gleitender Durchschnitte verbessern Sie, in dem Sie zwei GDs mit unterschiedlich langen Perioden wählen, und diese auf einen Chart berechnen. Wenn dann die schnelle Kurve, die mit der kürzeren Periode, über die langsamere Kurve steigt, so zeigt dies eine beginnende Änderung des Sentiments, also ein Stimmungsumschwung. Dieser geht in einen neuen Trend über, wenn auch der längerfristige GD in die neue Richtung dreht.

So setzen die Handelssignale gewinnbringend um:

Signale erkennen Sie durch die so genannte „Crossover Methode". Dies bedeutet, sobald der kürzere GD den längeren GD von unten nach oben schneidet, entsteht ein Kaufsignal. Wenn der kürzere GD unter den längeren GD von oben nach unten schneidet, wird ein Verkaufssignal generiert.

 Mein Praxis-Tipp für Sie:

Wählen Sie die Perioden passend zu dem von Ihnen bestimmten Anlagehorizont. Häufige Kombinationen sind beispielsweise 200/50, 50/10 oder 20/5. Es ist aber grundsätzlich jede Kombination zulässig. Ich habe dabei folgende Erfahrungen in der Praxis gemacht: Bei einer Haltedauer der Position von wenigen Wochen bis zu einigen Monaten, sollten Sie die 50/10 Kombination verwenden. Bei einem Anlagehorizont von länger als etwa einem Jahr, verwenden Sie den 200/50 Durchschnitt.

Die folgende Abbildung zeigt als Beispiel eine 50/10 Tage Kombination im Chart des Dax:

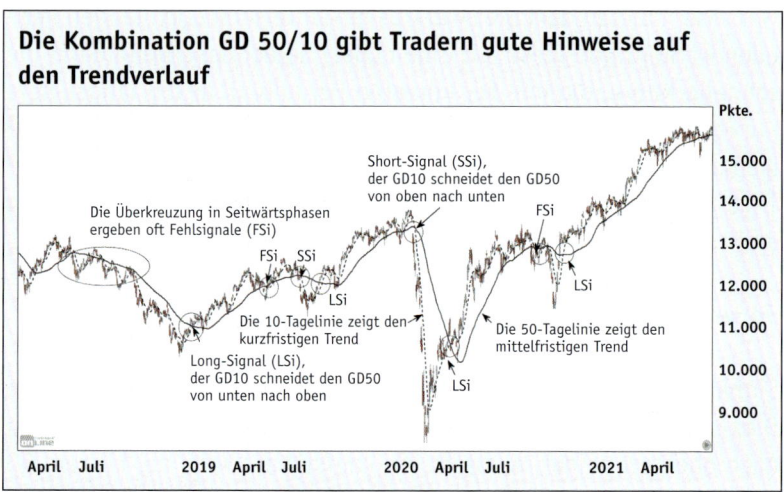

Die Kombination GD 50/10 gibt Tradern gute Hinweise auf den Trendverlauf

DAX, Tageschart: Das Handelssignal erfolgt durch Überkreuzen eines 50-Tage gleitenden Durchschnitts (GD50) mit einem 10-Tage gleitenden Durchschnitt (GD10). Gleitende Durchschnitte funktionieren am besten in auf- und abwärts laufenden Trendmärkten, in Seitwärtsphasen erzeugen sie häufig Fehlsignale.

In der Abbildung wird auch die Problematik des Zeitverzugs bei der Erzeugung der Signale deutlich, insbesondere in seitwärts tendierenden Märkten. Im Juli 2018 folgen mehrere Fehlsignale aufeinander, da der DAX unter hohen Schwankungen seitlich bis abwärts tendierte. Dagegen werden die langen Aufwärts- und Abwärtstrends gut angezeigt. Beachten Sie: GD generieren die besten Signale grundsätzlich in starken Trendmärkten und führen in Seitwärtsphasen häufiger zu Verlusten.

MACD: Gute Signale für den Anfang und das Ende eines Trends

Der Moving Average Convergence Divergence (MACD) wurde 1978 von Gerald Appel entwickelt und stellt eine Verbesserung der einfachen Verwendung zweier gleitender Durchschnitte dar.

So wird der Indikator konstruiert:

Der MACD wird konstruiert, indem zwei gleitende Durchschnitte voreinander subtrahiert werden. Was heißt das? Nun, denken Sie sich einen gleitenden Durchschnitt mit einer Periode von 26 Tagen, und einen GD mit einer Periode von 12 Tagen. In der Mathematik wird dieses Verfahren „Glättung" genannt, d.h., wir verwenden hier eine 26-fach und eine 12-fach geglättete Linie. Jeder dieser beiden Linien hat natürlich zu jedem Zeitpunkt einen bestimmten Wert, aufgetragen auf der Y-Achse. Jetzt ziehen Sie einfach den Wert des GD 26 von Wert des GD 12 und Sie erhalten die Indikatorlinie.

Die Signallinie (Triggerlinie) wird berechnet, indem aus der Indikatorlinie wieder ein gleitender Durchschnitt gebildet wird. Appel stellte in seinen Untersuchungen fest, dass eben eine Periodenlänge von 26 und 12 für die MACD Linie am besten funktioniert. Für die Berechnung der Triggerlinie schlägt er dann eine 9-fache Glättung der MACD Linie vor, d.h. aus der MACD Linie selbst wird jetzt ein GD9 berechnet.

So setzen Sie die Handelssignale gewinnbringend um:

Wenn die MACD-Indikatorlinie (durchgezogen gezeichnet) ihre Signal-Linie (gestrichelt gezeichnet) von unten nach oben scheidet, wird ein Kaufsignal erzeugt.

Wenn die MACD-Indikatorlinie ihre Signal-Linie von oben nach unten schneidet, wird ein Verkaufssignal erzeugt.

Steigt die MACD-Linie nach dem Cross-over über die Nulllinie, gilt dies als Bestätigung des Aufwärtstrends.

Fällt die MACD-Linie nach dem Cross-over unter die Nulllinie, gilt dies als Bestätigung des Abwärtstrends.

Gute Hinweise auf eine mögliche Trendänderung geben auch Divergenzen

Eine „bearishe Divergenz" entsteht, wenn der Kurs eines Wertpapiers neue Hochs bildet, also ansteigt, während der Verlauf des MACD-Indikators tiefe Hochs markiert und damit einen fallenden Verlauf zeigt. Der Indikator sagt uns: Vorsicht vor einem möglichen Ende des Aufwärtstrends.

Eine „bullishe Divergenz" entsteht, wenn der Kurs eines Wertpapiers neue Tiefs bildet, also fällt, während der Verlauf des MACD-Indikators höhere Hochs markiert und damit einen steigenden fallenden Verlauf zeigt. Der Indikator sagt uns: Der Abwärtstrend könnte bald beendet sein.

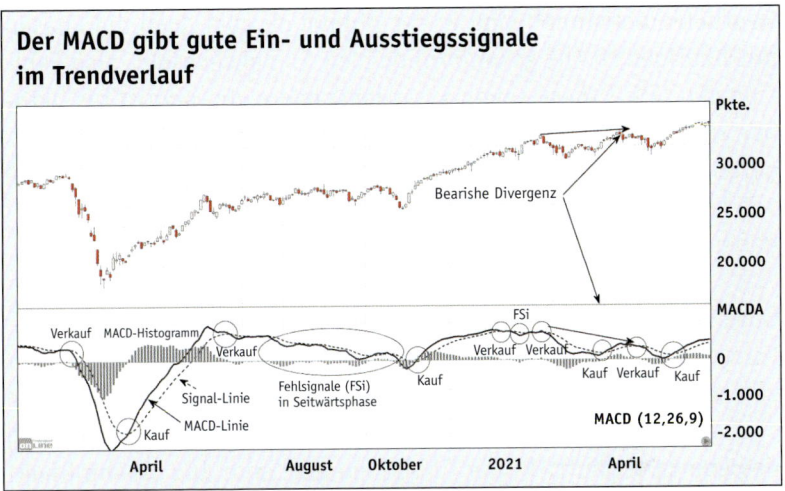

Der MACD gibt gute Ein- und Ausstiegssignale im Trendverlauf

MDAX, 1 Kerze stellt 2 Tage dar: Der MACD gibt zeitverzögerte Signale. In Seitwärtsphasen kommt es daher auch zu Fehlsignalen. In Trendphasen gibt der Indikator sehr gute Signale. Divergenzen geben wichtige Hinweise auf eine mögliche Trendschwäche.

Im abgebildeten Chart habe ich die jeweiligen Kauf- und Verkaufssignale des MACD-Indikators eingezeichnet. Der MACD bestimmt die Richtung und die Intensität eines Trends. Je weiter die beiden Linien, also die MACD-Indikatorlinie und die Signal-Linie voneinander entfernt sind, desto steiler verläuft der Trend. Eine anschauliche Darstellung des Abstands beider Linien zeigt Ihnen das MACD-Histogramm. Hierbei wird die Höhe des Abstands durch Balken dargestellt. Je höher der Balken, desto steiler der Trend. Im Moment des Crossover verschwinden die Balken vollständig, da beide Linien ja denselben Wert annehmen.

Deutlich zu erkennen sind in der Abbildung aber auch die Phasen mit häufigen, nicht gewinnbringenden Signalwechseln, also Fehlsignalen (FSi). Diese sehen Sie insbesondere von August bis Oktober 2020 und im Januar 2021. Diese werden durch die Zeit verzögerte Signalgebung erzeugt, insbesondere bei schnellen Wechseln von kurzen Phasen des Kursanstiegs zu kurzen Phasen des Kursrückgangs.

Gute Hinweise auf eine Trendschwäche, und damit auf eine mögliche Trendwende, werden generiert, wenn der Indikator Divergenzen zu dem zugrunde liegenden Chart erkennen lässt. Divergenzen sind daran zu erkennen, dass der MACD entgegen der Trendrichtung des Charts verläuft. In der Abbildung auf Seite 107 ist die Divergenz des MACD zum Kursverlauf durch Pfeile markiert. Bildet der MACD eine solche Divergenz aus, sollten Sie nicht mehr kaufen, auch wenn die Kurse noch steigen. Im Chart ist eine bearishe Divergenz dargestellt. Der Kurs des MDAX bildet von Februar bis April 2021 neue Hochs, steigt also an, während der Indikatorverlauf bereits abwärtsgerichtet ist. Der Aufwärtstrend schwächt sich in der Folge dann auch von April bis Mai ab.

Mein Praxis-Tipp für Sie:

Da auch dieser Indikator aus gleitenden Durchschnitten konstruiert wird, ist das Problem der Zeit verzögerten Signalgebung natürlich noch vorhanden. In einer Seitwärtsphase werden wieder häufiger Fehlsignale erzeugt.

Wichtig:

Sie dürfen sich nie auf nur einen Indikator verlassen. Jede Gruppe Indikatoren funktioniert in bestimmten Marktphasen gut, in anderen weniger gut. Den Indikator, der alles kann, gibt es nicht. Trendfolge-Indikatoren funktionieren definitionsgemäß nur in Trendmärkten. Sie sollten daher nur in Verbindung mit „Oszillatoren" verwendet werden. Nur dann „kontrollieren" sich die unterschiedlichen Konstruktionskonzepte der Indikatoren gegenseitig. Wie genau Oszillatoren funktionieren, das erläutere ich Ihnen im folgenden Kapitel.

Oszillatoren: Traden im Auf und Ab der Märkte

Oszillatoren stellen eine sinnvolle Ergänzung zu Trendfolge-Indikatoren dar. Sie funktionieren nämlich genau dort, wo Trendfolger versagen, eben in trendlosen Märkten. Oszillatoren erzeugen die besten Signale in seitwärts tendierenden Märkten, welche eine hohe Volatilität aufweisen, also stärkeren Schwankungen unterlegen sind, aber trotzdem keine konstante Richtung finden. Die Hoch- und Tiefpunkte dieser Wellenbewegungen, die sog. Swings, können mit Oszillatoren erkannt und Gewinn bringend gehandelt werden.

In starken Trendmärkten ohne ausgeprägte Swings liefern sie dagegen häufig Fehlsignale. Der Begriff „Oszillator" beschreibt schon die Eigenschaft dieser Indikatoren. In ihrer graphischen Darstellung schwanken (= oszillieren) diese nämlich um die Nulllinie.

Charakteristisch bei der Konstruktion von Oszillatoren ist die Definition der Extrembereiche. Diese beschreiben die sogenannten überkauften Bereiche – diese sind durch die oberen Extremzonen definiert – und überverkauften Bereiche – dies sind durch die unteren Extremzonen definiert. Typische Werte für die Extremzonen liegen im oberen Bereich bei 70 / 80 Punkten, im unteren Extrembereich bei 20 / 30 Punkten.

Der Relative-Stärke-Index (RSI): So traden Sie erfolgreich an den Wendepunkten

Der RSI-Indikator wurde von Welles Wilder bereits 1978 entwickelt und ist einer der bekanntesten und beliebtesten Oszillatoren. Der Indikator wurde konstruiert, um Hoch- und Tiefpunkte einer Wellenbewegung zu identifizieren und ist insbesondere für Swing-Trader ein hilfreicher Signalgeber.

So wird der Indikator konstruiert:

Die folgende Formel zeigt die Konstruktion des RSI

$$RSI = 100 - \frac{100}{1 + RS}$$

$$RS = \frac{\textit{Durchschnitt der Schlusskurse von x Tagen mit steigenden Kursen}}{\textit{Durchschnitt der Schlusskurse von x Tagen mit fallenden Kursen}}$$

Entscheidend ist der Term RS: Dieser steht für „Relative Stärke", und gibt dem Indikator seinen Namen.

Dabei bedeutet: Durchschnitt der Schlusskurse von x Tagen mit steigenden Kursen:

Es werden alle Kursanstiege gemessen, beispielsweise in Euro, und zwar jeweils vom Schlusskurs eines Tages zum Schlusskurs des folgenden Tages. Wird als Periodeneinstellung x beispielsweise 14 Tage gewählt, werden alle Kursgewinne über die 14 Tage aufsummiert und durch 14 geteilt. Nehmen wir an, die Summe aller Kursgewinne liegt auf diese Art berechnet bei 100 €.

Dabei bedeutet: Durchschnitt der Schlusskurse von x Tagen mit fallenden Kursen:

Es werden alle Kursrückgänge gemessen, beispielsweise in Euro, und zwar jeweils vom Schlusskurs eines Tages zum Schlusskurs des folgenden Tages. Wird als Periodeneinstellung x beispielsweise 14 Tage gewählt, werden alle Kursrückgänge über die 14 Tage aufsummiert und durch 14 geteilt. Nehmen wir an, die Summe aller Kursverluste liegt auf diese Art berechnet bei 20 €.

Gemäß obiger Formel errechnet sich für den RSI

$$RSI = 100 - \frac{100}{1 + / (100/20)} = 83{,}3$$

Aus der Formel ergibt sich, dass der Indikator nicht über den Wert von 100 steigen kann, aber auch nicht unter Null fallen kann.

Ein Wert von 83,3 notiert also nahe dem Maximum. Der Kurs ist so stark gestiegen, dass er in der „überkauften Zone" verläuft. Diese beginnt in der Standard-Einstellung des Indikators bei 70 Punkten. Der Kurs hat sich also „relativ" stark entwickelt.

Nehmen wir an, die Kursentwicklung wäre umgekehrt verlaufen, also nur 20 Punkte Gewinn und 100 Punkte Verlust. Dann läge der Indikatorwert bei 16,6 Punkten. Der Kurs hat sich also „relativ" schwach entwickelt. Er verläuft in der „überverkauften Zone", nahe dem Minimum von Null. Die überverkaufte Zone beginnt unter 30 Punkten.

So setzen Sie die Handelssignale gewinnbringend um:

Ein Kaufsignal wird generiert, wenn der RSI-Wert von unten kommend (etwa von 16,6 Punkten) über den Wert von 30 steigt.

Ein Verkaufssignal wird generiert, wenn der RSI-Wert von oben kommend (etwa von 83,3 Punkten) unter den Wert von 70 fällt.

Deshalb funktioniert dieser Indikator:

Der RSI, wie auch alle anderen Oszillatoren, definiert Marktextreme, also die emotionalen Extreme der Anleger. Sie ermöglichen es, Bereiche des irrationalen Überschwangs herauszufiltern. Professionelle Trader setzen auf eine Rückkehr des Marktes zur Normalität, also zu einem langfristigen Durchschnitt. Ihre Taktik besteht darin, diese Extreme in die entgegengesetzte Richtung zu handeln.

Wenn der Markt stark ansteigt und die Gier der Massen wieder deutlich wird, verkaufen viele Profis Aktien leer, das heißt, sie verkaufen Aktien, die sie nur geliehen haben. Sie hoffen, diese Aktien dann wieder billiger zurückkaufen zu können (sog. Short Trader). Diese Trader kaufen, wenn der Markt in Panik ist. Oszillatoren, wie der RSI, helfen diese Marktstimmung zutreffend zu identifizieren, nämlich die Gier durch Ansteigen des Oszillators in den überkauften Bereich, die Panik durch Unterschreiten des überverkauften Bereichs. Damit ist der RSI ein sehr gut geeignetes Instrument, um im Auf und Ab der Märkte Umkehrpunkte zu erkennen und diese erfolgreich zu handeln.

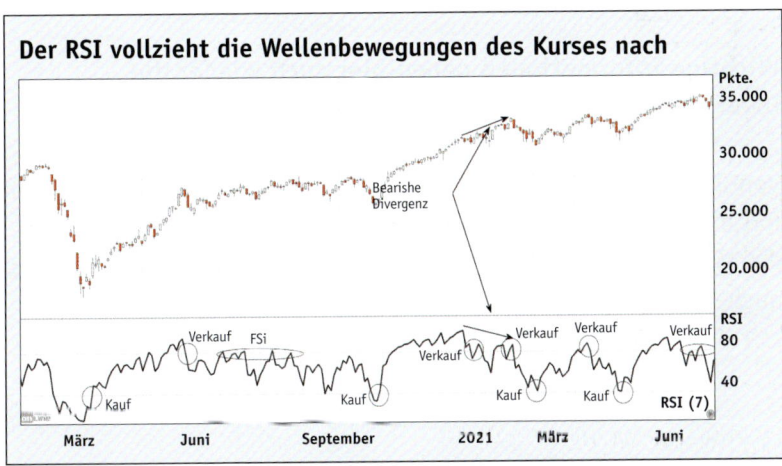

MDAX, 1Kerze stellt 2 Tage dar: Der RSI (hier in der Periodeneinstellung 7), zeichnet die Wellenbewegung des Chartverlaufs nach und gibt insbesondere in schwankungsintensiven Phasen gute Handelssignale für den Kauf und Verkauf.

Der RSI (7) zeichnet die großen Wellenbewegungen nach und gibt Kauf – und Verkaufssignale. Der markierte Bereich (FSi) im Verlauf des Indikators im Zeitraum Juli bis September 2020 macht aber auch eine Schwäche des RSI in der Periodeneinstellung 7 deutlich: Nach dem Verkaufssignal vom Juni 2020 fällt die RSI-Linie in den neutralen Bereich, steigt dann aber im weiteren Verlauf immer wieder kurz in den überkauften Bereich (>70), ohne jedoch vorher in den überverkauften Bereich (<30) zurückzufallen. Der Grund: Der RSI kann die vergleichsweise geringen Schwankungen in dieser Seitwärtsphase nicht vollständig nachzeichnen. In diesen Fällen können Sie die Periodeneinstellung des Zeitraums verringern, etwa auf RSI 5.

Wichtige Informationen geben hier auch wieder die Divergenzen

Von Januar 2021 bis Mitte Februar 2021 steigt der MDAX an, der RSI bildet aber keine entsprechend neuen Hochs mehr aus. Es bildet sich also eine bearishe Divergenz aus. Daraufhin konsolidiert auch der Index.

Mein Praxis-Tipps für Sie:

Oszillatoren müssen Sie immer in Kombination mit Trendfolge-Indikatoren und Trendbestimmungsindikatoren verwenden.

Handeln Sie die Oszillatorsignale nur in seitwärts verlaufenden Märkten.

Hintergrund: Wenn sich der RSI in seinen Extrembereichen aufhält, deutet dies auf eine Umkehr des Swings hin. Ein Warnsignal, das eine Umkehr nach unten bevorsteht (wenn sich der Kurs im oberen Extrembereich befindet) aber auch ein Signal, dass eine Kurserholung einsetzen könnte (wenn sich der Kurs im unteren Extrembereich befindet). So kann der RSI sehr gut die wechselnden Hochs und Tiefs in einer Seitwärtsphase anzeigen. Diese Umkehrbewegungen können wir dann gewinnbringend handeln!

Vorsicht ist jedoch in Märkten mit einer eindeutigen Trendrichtung gegeben. In diesen Marktphasen verlaufen Oszillatoren nämlich sehr lang in ihren Überkauft- bzw. Überverkauft-Zonen. Das Problem: Eine kurze Trendkorrektur genügt, und der RSI fällt in den neutralen Bereich zurück. Damit gibt er ein Verkaufssignal. Meist zu früh, denn der Trend setzt sich in der Regel fort!

Ich empfehle Ihnen für den sehr kurzfristigen Zeitraum die Perioden-Einstellung (5). Für den mittelfristigen Bereich, also bei einer Haltedauer von einigen Monaten, empfehle ich Ihnen die Einstellung (7) oder (14).

Bollinger Bänder: So nutzen Sie die Schwankungsbreite für Ihre Trades

Diese Technik wurde von John Bollinger entwickelt. Zur Konstruktion werden zwei Linien im Abstand von zwei Standardabweichungen über und unter einem gleitenden Durchschnitt berechnet. Der Abstand von zwei Standardabweichungen besagt, dass 95% aller Kurse zwischen den Bändern liegen. Die Mittellinie wird in der Standardeinstellung als 20 Tage Gleitender Durchschnitt berechnet.

Deshalb funktioniert dieser Indikator:

Der Abstand der Bänder verläuft dynamisch. Je geringer also die Volatilität der Kurse, desto enger verlaufen die Bänder. Eine sehr enge Bandbreite lässt daher auf einen stabilen Trend schließen. Doch kein Trend hält ewig. Bricht der Kurs aus einer engen Seitwärtsphase aus, oder kehrt sich ein Aufwärtstrend in einen Abwärtstrend um, oder umgekehrt, weiten sich die Bollinger Bänder zunächst auf, da ja die Schwankungsbreite zunimmt. Stabilisiert sich der neue Trend, ziehen sich die Bänder wieder zusammen, da die Schwankungsbreite nachlässt.

So setzen Sie die Handelssignale gewinnbringend ein:

Der Markt gilt als überkauft, wenn die Kurse das obere Band berühren, sie gelten als überverkauft, wenn die Kurse das untere Band berühren. Stößt ein Kurs an eines der Bänder, und prallt der Kurs dann davon ab, so wird zunächst die 20 Tage Durchschnittslinie als nächstes Kursziel definiert. Sobald diese Linie durchbrochen wird, gilt das gegenüberliegende Band als neues Kursziel.

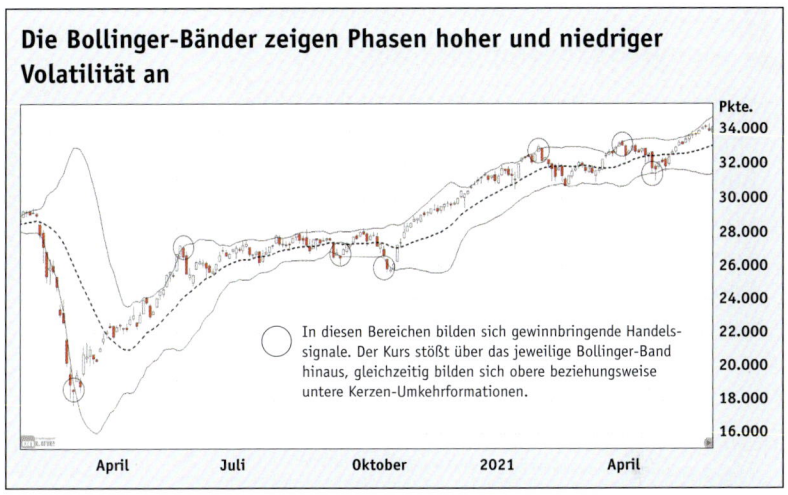

Die Bollinger-Bänder zeigen Phasen hoher und niedriger Volatilität an

In diesen Bereichen bilden sich gewinnbringende Handelssignale. Der Kurs stößt über das jeweilige Bollinger-Band hinaus, gleichzeitig bilden sich obere beziehungsweise untere Kerzen-Umkehrformationen.

Die Bollinger Bänder geben den Bereich um einen Mittelwert des Kursverlaufs an, in welchem sich 95% aller Kurse bewegen. Die Bänder kennzeichnen daher obere und untere Begrenzungsniveaus der Schwankungsbreite. Die Kurse tendieren dazu, zum jeweils gegenüberliegenden Band zu laufen.

Verfolgen Sie die Kurse im Chart des MDAX. Es zeigt sich, dass die Kurse in der Regel von einem Band abprallen und zum gegenüber liegenden laufen. Ich habe dies durch Kreise markiert. Die Mittellinie dient dabei entweder als Widerstand oder Unterstützung.

Die Bollinger Bänder definieren daher überkauft- überverkauft-Marken. Doch Vorsicht: Die Berührung eines Bandes sagt nicht automatisch, dass sich der Kurs hier umkehrt. Warten Sie eine zusätzliche Bestätigung durch weitere Umkehrsignale ab, beispielsweise auf Kerzensignale oder Oszillatorsignale!

Meine Praxis-Tipps für Sie:

Nutzen Sie die Bollinger-Bänder in Verbindung mit den Kerzen-charts. Mein Lieblingssignal: Wenn der Kurs unter das untere Bollinger-Band fällt und sich dann eine untere Umkehrformation im Kerzenchart bildet. Zum Beispiel ein Hammer. Steigt der Kurs am Tag nach der Bildung des Hammers wieder in den Bereich der Bänder zurück, kann dies ein sehr gewinnbringendes Kaufsignal sein.

Indikatoren der Marktstimmung: Die Masse liegt meist falsch

Indikatoren der Marktstimmung, auch Sentiment-Indikatoren genannt, messen das Verhalten der Marktteilnehmer. Genauer gesagt, ob diese eher optimistisch oder pessimistisch für die kommende Entwicklung des Marktes gestimmt sind. Sentiment-Indikatoren messen also auch Emotionen, insbesondere Angst und Gier. Diese anhaltenden, messbaren Emotionen „Angst und Gier" treten meist während der Umkehrphasen primärere Trends auf.

Wichtig:

Markthochs treten daher auf, wenn der Optimismus am höchsten ist, denn die Masse der Anleger hat dann bereits gekauft! Markttiefs treten auf, wenn der Pessimismus am höchsten ist, denn die Masse der Anleger hat dann bereits verkauft! Wir handeln also immer gegen die Meinung der Masse. Daher werden diese Indikatoren auch als „Contrary Opinion" Indikatoren bezeichnet.

Das Put/Call-Ratio: Kaufen Sie, wenn andere ängstlich sind

Dieser Indikator wird aus den Tradingaktivitäten der Marktteilnehmer an den Terminbörsen berechnet. Dabei werden die Umsätze der Puts und der Calls herangezogen.

So wird der Indikator konstruiert:

Es wird der gesamte Umsatz in Puts und der gesamte Umsatz in Calls an einer Terminbörse gemessen. Beispielsweise der EUREX, die europäische Terminbörse, oder der CBOE (Chicago Board Options Exchange).

Zur Ermittlung des Put/Call-Verhältnisses werden dann die Put-Umsätze durch die Call-Umsätze geteilt.

So setzen Sie die Handelssignale gewinnbringend um:

Hohe Put-Umsätze deuten zwar zunächst auf bearishe Stimmung, während hohe Call-Umsätze zunächst auf eine bullishe Stimmung hindeuten. Jedoch wird dieser Indikator als Kontra-Indikator angewendet.

Ein hohes Put/Call-Ratio deutet auf einen überverkauften Markt hin und ist daher bullish.

Jetzt können Sie anfangen Positionen aufzubauen, während andere noch ängstlich sind.

Ein niedriges Put/Call-Ratio deutet auf einen überkauften Markt hin und ist daher bearish.

Extreme Spitzen (z.B. > 1,30 oder < 0,7) können auf bevorstehende Umkehrreaktionen hindeuten.

Jetzt sollten Sie anfangen Positionen zu verkaufen, während andere noch gierig sind. Sie können natürlich auch direkt von den fallenden Kursen profitieren und beispielsweise Put-Optionen kaufen.

Deshalb funktioniert dieser Indikator:

Wenn die meisten Anleger Puts gekauft haben, also auf fallende Kurse setzen, dann finden sich bald keine Anleger mehr, die noch verkaufen wollen. Alle Marktteilnehmer sind ja schon investiert. Dann genügen bereits kleinere Käufe von mutigen Investoren, die am Tief fischen, um die Kurse steigen zu lassen. Umgekehrt verhält es sich, wenn alle Investoren Calls gekauft haben und der Markt überoptimistisch ist.

Meine Praxis-Tipps für Sie:

Ein hoher Wert des Put/Call-Verhältnisses ist noch kein eindeutiges Signal auf eine untere Umkehr! Ebenso wenig ist ein sehr tiefes Put/Call-Verhältnis ein klares Signal auf eine obere Umkehr! Investieren Sie daher zunächst nur einen kleinen Teil Ihres Investitionskapitals und stocken die Position weiter auf, wenn der Kurs in Ihre gewünschte Richtung läuft.

 So bauen Sie systematisch eine Analyse auf

Meine 5 praxisrelevanten Profi-Tipps für Ihre Trading-Gewinne

Ich habe Ihnen in den letzten Kapiteln die wichtigsten Instrumente der technischen Analyse vorgestellt.

Fassen wir kurz zusammen:

Sie kennen jetzt die gebräuchlichsten Arten von Charts. Liniencharts, Balkencharts und Kerzencharts (Candlestickcharts).

Charts sind das Bild der Märkte. Sie kennen nun das Konzept der Trendbestimmung sowie die bekanntesten Chartformationen, unterteilt in Trendbestätigungs- und Trendumkehr-Formationen, und wie Sie diese erfolgreich einsetzen können. Ganz besonders nützliche Informationen geben Ihnen die Kerzencharts. Wir haben die aussichtsreichsten Kerzenformationen besprochen.

Darüber hinaus habe ich Ihnen Indikatoren vorgestellt, mit welchen Sie den Markt analysieren können, um Trends zu bestimmen oder Umkehrpunkte frühzeitig zu erkennen.

Meine 5 Profi-Tipps aus der Praxis: So bauen Sie systematisch eine Analyse auf

Wie Sie dies alles einsetzen sollen? Mit der von mir dargelegten Systematik, können Sie diese Instrumente in der richtigen Reihenfolge, und, noch wichtiger, in den richtigen Marktphasen einsetzen. Dazu gebe ich Ihnen in diesem Kapitel einen Leitfaden an die Hand.

1. Profi-Tipp: Bestimmen Sie zuerst die Trends

Zum systematischen Aufbau einer Analyse gehört es, dass Sie sich erst einmal über den vorherrschenden Trend im Klaren sind. Dabei müssen Sie alle Zeitebenen in Betracht ziehen, sich also die Frage stellen, in welchem primären Trend (also ein Trend der mehr als ein Jahr anhält), in welchem sekundären Trend (wenige Wochen bis einige Monate) und in welchen tertiären Trendphasen (bis etwa 3 Wochen) bewegen wir uns aktuell. Die Instrumente, die ich Ihnen dazu vorgestellt habe, sind Trendlinien.

Zur Bestimmung eines Trends ist aber nicht nur die visuelle Chartanalyse geeignet, sondern die richtigen Indikatoren geben uns wichtige Hinweise auf die Richtung und Stärke eines Trends. Ich hatte Ihnen dazu die gleitenden Durchschnitte als einfachsten Trendfolge-Indikator vorgestellt, das System aus zwei gleitenden Durchschnitten, sowie den MACD.

2. Profi-Tipp: So sollten Sie die Indikatoren auf den Chart „justieren"

Wenn Sie mit einem Chartprogramm arbeiten, haben Sie immer die Möglichkeit, die Periodenlänge der Indikatoren zu ändern. Die Standardeinstellung des MACD (12,26,9) ist ja nur eine Empfehlung.

So gehen Sie beim Justieren der Indikatoren genau vor: Wenn Sie eine geeignete Indikatoreinstellung für Ihren Chart suchen, dann markieren Sie sich einige Extrempunkte im Chart, und passen die Indikatoren so an, dass die Signale zu diesen Extrempunkten generiert werden. Optimal ist es, wenn Sie Punkte finden, die von ihrem Abstand her ungefähr Ihrem Anlagehorizont entsprechen. Wenn Sie also im Bereich einiger Monate planen, suchen Sie sich diese Punkte im Abstand einiger Monate. Dann haben Sie die Indikatoren auf Ihre Zeitebene justiert.

Beachten Sie dabei aber auch: Sie werden es nicht schaffen, die Indikatoreinstellung so zu ändern, dass Sie alle Wendepunkte korrekt erfassen können. Sie wissen jetzt bereits aus meinen Erklärungen zu den Trendfolge-Indikatoren, dass diese umso später Signale generieren, je länger die Einstellung ist. Kleinere Wendepunkte werden dann nur mit entsprechend kurzen Einstellungen ausreichend verlässlich angezeigt. Daher noch Mal der Hinweis, sich über Ihren Anlagezeitraum im Klaren zu sein.

3. Profi-Tipp: Wählen Sie das zu Ihren Anlagezielen passende Zeitfenster

Sie haben jetzt den übergeordneten Blick auf den Markt bekommen. Jetzt müssen Sie die Details weiter analysieren, und zwar in dem Ihrem Zeitfenster entsprechenden Rahmen. Wenn Sie also einen Anlagehorizont von wenigen Tagen bis zu etwa 3 Monaten planen, so sollten Sie sich diesen Chart etwa der letzten 4 Wochen beziehungswiese bis zu etwa 9 Monaten anschauen. Ich empfehle Ihnen die Kerzendarstellung mit einer Periodenlänge von einem Tag. Denn jetzt müssen Sie die einzelnen Kerzen unterscheiden können, um Sie zu analysieren. Würden Sie jetzt als Periodeneinstellung eine Woche wählen, wäre der Kursverlauf durch die Kerzen zu „grob" dargestellt. Wenn Sie einen Anlagehorizont von 1 Tag bis zu wenigen Tagen haben, können Sie die Periodenlänge für die Indikatoreinstellung auch auf „1 Stunde" oder auch „30 Minuten" herabsetzen.

Hinweis: Beachten Sie bitte, dass sich die Einstellungen für die Periodenlänge immer auf die von Ihnen gewählte Periodenlänge einer Kerze bezieht, d.h., in einem Chart mit einer Periodenlänge von einem Tag bezieht sich ein MACD (12, 26) auf die GDs der letzten 12 bzw. 26 Tage. In einem Chart mit einer Periodenlänge von 1 Stunde wären das entsprechend 12 bzw. 26 Stunden.

4. Profi-Tipp: So finden Sie den Einstieg – Das richtige Set-up

Ein Set-up stellt die Gesamtheit der Bedingungen dar, die erfüllt sein müssen, damit ein Investor zu handeln beginnt. Es ist also eine Kombination aus verschiedenen Kriterien. Diese Kriterien werden jeweils für den Markteinstieg (Entry Set-up) und den Marktausstieg (Exit Set-up) definiert.

Wir wollen uns zunächst mit den Markteintrittskriterien beschäftigen: Die Fragestellung lautet also: Welche Bedingungen müssen erfüllt sein, damit ich in einen Markt einsteige, also beispielsweise eine Aktie kaufe.

Hier meine Empfehlungen für Ihren gewinnbringenden Einstieg:

Handeln Sie Ausbrüche aus Formationen

Formationen habe ich Ihnen ausführlich erläutert. Eine Strategie besteht nun darin: Kaufe, wenn der Kurs aus einer Formation ausgebrochen ist und sich schon 2% in die „richtige" Richtung bewegt hat. Zusatzkriterium: Kaufe nur dann, wenn die Ausbruchsrichtung mit der übergeordneten Trendrichtung übereinstimmt. Wenn Sie beispielsweise Put-Optionen kaufen, sollte die übergeordnete Trendrichtung natürlich fallend sein.

Wenn Sie in Richtung der übergeordneten Trendrichtung investieren, erhöhen sich die Chancen auf einen länger anhaltenden Trend. Ich empfehle hier die visuelle Trendbestimmung durch Trendlinien und Indikatoren. Ausbrüche aus Seitwärtskanälen.

Handeln Sie Ausbrüche aus Kerzencharts

Hier handeln Sie eine Trendumkehr, indem Sie die Kerzenmuster analysieren, die ich Ihnen ausführlich dargestellt habe. Sie handeln entsprechend die Bestätigungen der Formation, also in die neue Trendrichtung!

Mein Tipp: Zusätzlich sollten Sie sich Oszillatoren anschauen: Beispiel: Kaufe nur, wenn der RSI durch ein entsprechendes Signal die Trendumkehr bestätigt. Den RSI kennen Sie bereits aus dem Kapitel über die Oszillatoren.

 **Meine Praxis-Tipps für Sie:**

Ich verlasse mich nicht ausschließlich auf Indikatoren. Ich nehme diese nur zur Unterscheidung von Trend- oder Nicht-Trendphasen. In erster Linie beziehe ich aber die visuelle Analyse mit ein. Ich analysiere die Kerzenmuster und bestimme Trends, Widerstände und Unterstützungsbereiche. Die besten Signale erhalten Sie meiner Erfahrung nach dann, wenn sich alle Komponenten bestätigen. So sollte in einer schwachen Trendphase der RSI ein Signal erzeugen und im Chart zu diesem Zeitpunkt eine Umkehrformation ausgebildet und bestätigt sein.

5. Profi-Tipp: So legen Sie die Kursziele fest

Der letzte, aber umso wichtigere Schritt Ihrer Analyse muss immer sein, Kursziele zu bestimmen. Diese ergeben sich in der visuellen Analyse aus den Widerständen (Kursziel nach oben) und Unterstützungen (Kursziel nach unten).

Wenn Sie auf steigende Kurse setzen, stellt der nächste Widerstandsbereich Ihr nächstes Kursziel dar. Prallt der Kurs hier nach unten ab, verkaufen Sie Ihre Long-Position. Wird dieser Widerstand jedoch nach oben durchbrochen, fungiert der dann folgende Widerstand als nächstes Kursziel, und so weiter.

Wenn Sie auf fallende Kurse setzen, stellt der nächste Unterstützungsbereich Ihr nächstes Kursziel dar. Prallt der Kurs hier nach oben ab, schließen Sie Ihre Short-Position. Wird diese Unterstützung nach unten durchbrochen, fungiert die dann folgende Unterstützung als nächstes Kursziel, und so weiter.

Mein Tipp: Wenn der Kurs sich in der Nähe von Unterstützungen oder Widerstandsniveaus befindet, sollten Sie besonders auf die Ausbildung von Umkehrformationen im Chart sowie auf die Signale des von Ihnen gewählten Oszillators achten.

„ Liebe Leserin, lieber Leser,

raucht Ihnen auch der Kopf? Ehrlich gesagt, mir ging es so, als ich startete! Auf der einen Seite sah ich die fantastischen Möglichkeiten, Geld zu machen. Viel Geld. Und durch Dr. Bauers extrem erfolgreichen Börsendienst (Optionen-Profi) wusste ich, es funktioniert in der Praxis. Er macht Geld. Und das wollte und will ich auch. Und das kann ich lernen, habe ich mir gesagt.

Anfangs schwirrten mir Indikatoren, Ausbrüche, Oszillatoren und Umkehrformationen durch den Kopf. Und ganz ehrlich: Wenn ich damit direkt an die Börse gegangen wäre, hätte es ein Desaster gegeben. Geht es Ihnen genauso? Ich denke, ja, wenn Sie Einsteiger sind.

Aber dann. Ich entdeckte eine Umkehrformation. Ich traute mich nicht richtig, habe nochmals nachgesehen. Es WAR eine Umkehrformation. Ich setzte ein paar Euro ein.

Und! Es! Klappte!

Unbeschreiblich. Ich war auf dem richtigen Weg. Es funktionierte, es funktioniert bis heute. Wenn ich mir Charts ansehe, springen mir immer mehr Signale direkt ins Auge. Das ist, wie spazieren gehen und Geld finden. Legal. Einfach sehen, klicken, kaufen, nochmals klicken, verkaufen – und Geld einsammeln. Es funktioniert wirklich. Ich weiß es. Sie werden es auch bald wissen.

Erinnern Sie sich an meine Worte eingangs? Ich habe von Arbeit gesprochen. Trading als Arbeit. In diesen Bereich gehört das Erobern der Charts und Signale. Gehen Sie es langsam an. Herr Berkholz hat aus seiner Erfahrung an anderer Stelle hier im Buch richtig geschrieben: *Seien Sie geduldig. Morgen ist auch noch ein Tag und da können Sie auch noch handeln. Übermorgen sogar auch! Geben Sie sich selbst ein wenig Zeit und arbeiten Sie sich langsam, aber gründlich in die Materie ein.*

Denken Sie an meine Worte: Es klappt! Es funktioniert. Nicht umsonst ist Dr. Gregor Bauer ein durch den Weltverband IFTA zertifizierter technischer Finanzanalyst (Certified Financial Technician) und gehört zu den renommiertesten Chartexperten in Deutschland.

Entscheidend ist die Umsetzung in der Praxis. Sie sitzen vor dem PC. Sie haben die Handelsmaske des Brokers auf. Und nun geht es los. Von der Theorie zur Praxis.

Herr Berkholz, bitte übernehmen.

Ihre

Laura Walterscheid
Laura Walterscheid

Von der Theorie zur Praxis

Startkapital

Oft werde ich gefragt „Wie viel Euro brauche ich, damit ich als Trader anfangen kann?" Hier gibt es praktischerweise keinen fixen Betrag.

Egal, wie groß Ihr Bankkonto ist, starten Sie auf jeden Fall erst einmal mit wenig Geld. Es geht nicht darum, heute den besten Trade Ihres Lebens zu machen.

Wenn Sie zum ersten Mal an der Börse etwas ausprobieren, fangen Sie klein an und testen Sie. Idealerweise starten Sie tatsächlich nur mit kleinem Geld: Broker bieten oft Demokonten für neue Kunden an. Hier können Sie die Handelsmaske kennenlernen.

Ansonsten seien Sie geduldig. Morgen ist auch noch ein Tag und da können Sie auch noch handeln. Übermorgen sogar auch! Geben Sie sich selbst Zeit und arbeiten Sie sich langsam und gründlich in die Materie ein.

Riskieren Sie immer nur Geld, das Sie auch verlieren können. Ihr Leben darf sich nicht verändern, wenn Sie einen Trade verlieren. Sonst riskieren Sie zu viel.

Auch wenn das Trading – gerade zu Beginn – noch so spannend sein kann: Riskieren Sie immer nur Beträge, die Ihrem Money Management entsprechen. Das bedeutet, Sie achten bei jedem Trade darauf, dass Sie maximal einen gewissen Prozentsatz Ihres Trading-kapitals verlieren können. Das kann ich gar nicht stark genug betonen. Sie können nachts besser schlafen und haben auch langfristig mehr Freude am Trading.

Eine einfache Regel: Wenn Sie nachts nicht ruhig schlafen können, sind sie zu hoch investiert.

Wenn Sie sich Stück für Stück etwas aufbauen, werden Sie am Ende ein großes Depot haben. Versuchen Sie innerhalb einer Woche mit kleinem Einsatz zum Millionär zu werden, haben Sie am Ende der Woche nicht einmal mehr Ihren Einsatz.

Die Börse ist da emotionslos. Sehen sie zu, dass Sie das nicht selbst erfahren müssen. Besonders an der Börse lohnt es sich, aus den Fehlern der anderen zu lernen. Das spart richtig viel Geld!

Zum Startkapital. Wenn Sie Aktien handeln wollen, brauchen Sie mehr Geld als am Währungsmarkt. Indizes sind deshalb für viele Einsteiger so attraktiv, weil Sie sogar mit 100 Euro auf dem Brokerkonto Ihre ersten Erfahrungen sammeln können.

Es ist auch nicht unmöglich, aus den 500 Euro ein großes Depot zu ertraden. Es dauert dann einfach ein wenig länger. Dafür sind Sie am Ende aber Vollprofi.

Im ersten Teil des Buches haben Sie gelesen, dass Trader zum Start oft nur rund 1 Prozent Ihres Depots pro Handelsidee riskieren. 1 Prozent von 500 Euro sind 5 Euro Risiko. Sie müssen dann einen Trade finden, bei dem Sie maximal 5 Euro verlieren. Das geht in der Regel nur per CFDs. Was das genau ist und wie damit gehandelt wird, erfahren Sie im nachfolgenden Kapitel. Letztlich können Sie hierbei mit kleinem Geld viele Werte traden. Mit großem Geld natürlich auch, allerdings gibt es dann andere Alternativen in Form von Wertpapieren, die von den Profis bevorzugt werden. Warum das so ist, erfahren Sie im Kapitel der Trading-Instrumente über CFDs.

Je mehr Kapital Sie für das Trading zur Verfügung haben, desto mehr können Sie verdienen. Verlieren übrigens auch. Überlegen Sie sich also gut, wie hoch Ihr für die Börse eingesetztes Kapital wirklich ist.

Häufig werden 10.000 Euro als unteres Limit genannt. Wer diese Summe in seine Tradingkarriere investieren kann, hat letztlich auch eine reelle Chance, am Jahresende eine vernünftige Rendite in Händen zu halten. Das heißt aber nicht, dass Sie nur an der Börse aktiv sein dürfen, wenn Sie mindestens 10.000 Euro mitbringen.

Möchten oder können Sie deutlich weniger riskieren, ist das völlig in Ordnung. Nicht jeder hat die Möglichkeit viel Geld einzusetzen. Deshalb ist es umso wichtiger, dass Sie dann Ihr Handwerk verstehen. Wie oben erwähnt, kann ein erfolgreicher Trader auch kleine Konten groß traden.

Dafür brauchen Sie das passende Know-How, damit Sie profitabel handeln können. Genau das lernen Sie mit uns.

Regeln, Regeln und nochmals Regeln

Wenn Sie an der Börse messbaren Erfolg haben wollen, brauchen Sie ein Handelssystem, nach dem Sie Ihre Trades umsetzen. Das besteht wiederum aus Regeln, die Sie konsequent anwenden. Nur so haben Sie die Chance langfristig profitabel zu sein und sich Ihren Teil des Kuchens zu sichern.

Trading und wie es wirklich funktioniert

Fassen wir einmal zusammen: Wir zeigen Ihnen die besten Strategien, mit denen Sie erfolgreich handeln können.

Dabei ist es entscheidend, welche Werte Sie traden und wie oft Sie Zeit haben, um zu handeln. Es gibt durchaus Handelssysteme, die Sie nach Feierabend umsetzen können. Je langfristiger Sie Ihre Trades sehen, desto seltener müssen Sie auf den Chart schauen.

Niemand fordert, dass Sie sich sofort in den 1- oder 5-Minuten-Chart stürzen müssen und dort nach Longs und Shorts suchen. Schauen Sie sich die Kurse auf höheren Zeitebenen an. Der 1- und 4-Stundenchart sind dabei gute Richtlinien. Den Tages- oder Wochenchart nehmen Sie, um das große Bild und den Trend zu erkennen, wie Sie in den Kapiteln der Charttechnik gesehen haben.

Es geht letztlich darum, dass Sie eine Technik für sich entdecken, die zu Ihnen passt. Natürlich muss diese auch profitabel sein. Das ist klar. Ihre Nerven sind übrigens am Anfang der größte Gegner. „Hätte ich mal nicht gleich verkauft." „Ich hatte Angst, dass die

Kurse wieder umdrehen." Von diesen Reaktionen gibt es jeden Tag Millionen. Achten Sie darauf, das Trading möglichst emotionslos anzugehen. Seien sie emotionslos und schauen Sie nur auf die Zahlen und die Charts.

Wenn Sie kein Naturtalent sind oder nicht extrem viel Glück haben, wird der Start nicht ganz einfach. Das ist auch ok. Um es leichter zu machen, haben wir für Sie diese Seiten geschrieben. Sie bekommen selten im Leben etwas auf dem Silbertablett serviert und besonders nicht an der Börse. Es wird nicht umsonst als „Haifischbecken" bezeichnet und wenn Sie starten, müssen Sie darauf achten, nicht „gefressen" zu werden. Das mag jetzt brutal klingen, aber es geht darum, dass Sie die richtige Einstellung haben und sich vorsichtig herantasten.

Dazu zählt auch das Money Management. Es ist oft hilfreich, dass Sie einen fixen Stop-Loss einstellen, an denen Ihre Position automatisch geschlossen wird. So können Sie Ihre Verluste begrenzen und tatsächlich auch nur einen vorher festgelegten Prozentsatz von Ihrem Kapital riskieren. Wie Sie diese Punkte im Chart finden, haben Sie in dem Kapitel der Charttechnik gesehen.

Welcher Tradingstil passt zu Ihnen?

In der Folge zeige ich Ihnen die gängigsten Arten, wie Trader Ihr Geld vermehren. Beim Trading sind Sie natürlich Ihr eigener Boss. Sie treffen die Entscheidungen selber und übernehmen Verantwortung.

Schauen Sie sich deshalb die Tradingstile in Ruhe an und entscheiden am Ende, was Sie interessiert. Starten Sie nicht gleich mit mehreren auf einmal. Suchen Sie sich einen Stil heraus und üben mit diesem im Chart, ohne wirklich Ihr Geld zu riskieren. Sie können Tradingideen auch in der Vergangenheit durchspielen. Das spart Geld und schult auch Ihr Auge. So sehen Sie dann in Zukunft passende Muster schneller. Das ist ein wichtiger Schritt um Geld machen.

Daytrading

Per Definition handeln Sie hier nur innerhalb eines Tages. Am Ende des Tages haben Sie immer alle Positionen geschlossen. Daytrader schneiden sich meist kleine Scheiben aus dem Markt und das mehrmals am Tag. Vielleicht reicht Ihnen auch ein guter Trade am Tag und Sie machen danach Feierabend. Die Disziplin hilft Ihnen Geld zu verdienen.

Daytrading ist ein richtiger Job. Betrachten Sie es nicht als Hobby. Es wird Ihnen richtig Spaß machen, wenn Sie regelmäßig erfolgreich sind. Aber bis Sie dort ankommen, werden Sie sicherlich einige Zeit investieren müssen. Mit unseren Tipps geht das schneller.

Wenn Sie als Daytrader starten möchten, fangen Sie klein an. Riskieren Sie wenn möglich maximal 1–5 Prozent Ihres Depots pro Trade. Je kleiner Ihr Depot ist, desto mehr Prozent müssen Sie riskieren. Bei 500 Euro Risikokapital wird es schwer Trades zu finden, bei denen Sie nur 1 Prozent, also 5 Euro riskieren. Je weniger Sie pro Trade riskieren können, desto besser. Diese Faust-regeln können Sie sich merken. Ist Ihr Handelssystem langfristig erfolgreich, werden Sie selbst mit einem Risiko von 1 Prozent pro Trade viel verdienen.

Trader mit großen Konten riskieren zum Start oft nur 0,5 Prozent pro Trade. Hier steht anfangs der Kapitalerhalt im Vordergrund. Erfahrene Trader hören manchmal nach zwei verlorenen Trades an einem Tag auf. Das schont Nerven und den Geldbeutel. Sie haben dann nicht den Drang, den Verlust wieder auszugleichen. Wenn der Markt heute zu unklar ist, dann vielleicht morgen.

Wenn Sie diese Regel von Anfang an befolgen, sind Sie bereits besser als viele Hobbytrader am Markt.

Sie brauchen beim Daytrading auch Geduld. Nicht immer wird es einen guten Einstieg für einen Trade geben. Die große Kunst liegt darin, sich nur die optimalen Chancen herauszusuchen.

Viele Daytrader handeln mit Indizes oder Rohstoffen wie Gold oder Öl. Auch Kryptowährungen sind beliebt. Es gibt aber auch viele Trader, die sich auf nur einen Index eingeschossen haben und dann z.B. ausschließlich den DAX oder Dow Jones handeln.

Suchen Sie sich hier einen passenden Basiswert für sich heraus. Bedenken Sie dabei, dass der Faktor Zeit bei Ihnen eventuell eine Rolle spielt. Zwar geht es beim Daytrading auch darum, wie lange Sie vor dem Bildschirm sitzen möchten, ich meine jetzt aber die konkrete Handelszeit.

Sind Sie eher Spätaufsteher und erst nachmittags so richtig fit? Dann widmen Sie sich dem US-Markt, der startet erst am frühen Nachmittag unsere Zeit. Stehen Sie lieber morgens um 4 Uhr schon auf, können Sie mit Asien Geschäfte machen, wenn asiatische Indizes wie Nikkei & Co. gehandelt werden.

Es gibt auch Trader, die sich nur auf eine Zeitspanne beschränken, in der am meisten Liquidität im Markt ist. Üblicherweise ist das die Zeit in der sowohl die USA als auch Europa aktiv sind. Das entspricht dann unserem Nachmittag und etwa drei bis vier Stunden.

Und als Trader brauchen Sie Bewegung in den Charts, damit Sie Geld verdienen. Wenn die Kurse nur auf der Stelle stehen, ist es schwer, Geld zu verdienen.

Wie bereits Dr. Bauer im Zuge der Chartanalyse erläuterte, sollten Sie zu Beginn nicht mit stagnierenden Kursen arbeiten. Konzentrieren Sie sich auf die Kurse mit Bewegung und eindeutigen Chartmustern!

Natürlich gilt, wie anfangs schon erklärt: Halten Sie sich als Einsteiger aus dem Markt heraus, wenn wichtige Daten verkündet werden, die Ihre Handelswerte betreffen. Das führt meist zu deutlichen Schwankungen und selten zu Profiten. Darauf müssen Sie als Trader achten, wenn Sie nur kurze Strecken mitnehmen wollen. Als Daytrader geht es Ihnen um eine mögliche Bewegung innerhalb weniger Sekunden, Minuten oder Stunden. Eine Webseite auf der

Sie die Daten sehen können, ist de.investing.com/economic-calendar/. Dort können Sie noch unter „Wichtigkeit" (1–3 Sterne) filtern, wie wichtig die News sein soll. Drei Sterne sind die Ereignisse, die den Kurs bewegen können. Es reicht, wenn Sie auf diese Events achten.

Sind Sie länger als einen Tag in einem Trade, ist das kein Daytrading mehr. Das kann genauso profitabel sein oder sogar noch mehr. Manche Trader brauchen die Action und haben auch Spaß daran, jeden Tag mehrere Stunden die Charts zu verfolgen.

Anderen reicht es hingegen aus, wenn Sie ab und zu in den Chart schauen. Beide Trader können am Ende des Jahres jedoch gleich viel verdient haben.

Swingtrading

Swingtrading ist mit Daytrading vergleichbar. Der deutlichste Unterschied ist, dass Sie Trades beim Swingtrading nicht am Tag der Trade-Eröffnung wieder schließen. Wie beim Daytrading nutzen Sie auch hier Trends.

Während Sie sich beim Daytrading Charts mit 1-Minuten-, 5-Minuten- oder 15-Minuten-Kerzen ansehen und Trends bestimmen, sind es beim Swingtrading zum Beispiel 4-Stunden-Kerzen oder auch Tageskerzen.

Breakout-Trading

Hierbei zielen wir als Trader auf einen Ausbruch. Damit die Kurse ausbrechen können, müssen Sie zuerst in einer Zone festhängen. Schiebt ein Kurs über einen längeren Zeitraum zur Seite, bildet sich eine solche Zone. Wenn diese dann verlassen wird, ist das ein Breakout. Ich habe dafür einen Chart von Daimler genutzt. Hier werden Sie sofort sehen, wie das aussieht, wenn es zu einem Ausbruch kommt und wie Sie dies handeln können.

Eingezeichnet habe ich Ihnen hier einen Trendkanal. Die Kurse liefen von Mitte November 2020 bis Anfang Februar 2021 in einer Zone, die etwa 5 Euro ausmachte. Das Tief war ungefähr bei 55 Euro; das Hoch bei 60 Euro. Immer wieder stoßen sich die Kurse an der 60er-Marke den Kopf. Doch dann eines Tages im Februar gab es einen Ausbruch nach oben.

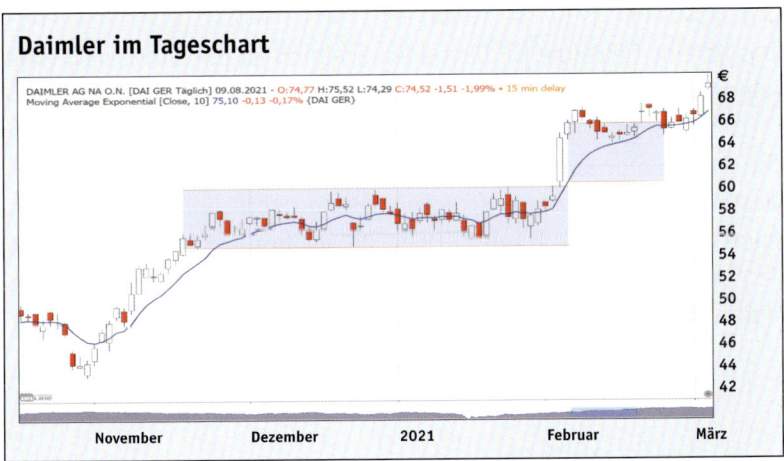

Ausbruch des Daimler-Kurses im Februar 2021, nach anhaltendem Trendkanal von Mitte November 2020 bis Anfang Februar 2021.

Es gab eine Kurslücke, die der Folge noch geschlossen wurde – zumindest ging es kurz bis zur vorherigen Seitwärtszone zurück.

Der Einstieg wäre dann beim Start der neuen Kerze. Ungefähr dort, wo ich die nächste Zone eingezeichnet habe. Die Strategie wird jetzt folgendermaßen umgesetzt: Bei einem Breakout aus solch einer Zone, gehen wir davon aus, dass die Breite der alten Zone nach oben oder unten abgebildet wird.

In unserem Fall hat die kurze eingezeichnete Zone genauso eine Kursbandbreite, wie die lange Zone. Und Sie sehen, die Kurse haben diese Strecke nach oben geschafft. Wenn Sie also direkt bei der Tageseröffnung in eine Long-Position eingestiegen wären, hätten Sie das Ziel bereits am zweiten Tag erreicht. Breakouts können recht schnell verlaufen. Es kann sich manchmal aber auch ziehen.

Scalping

Das ist eine Strategie für Daytrader. Scalping ist die Kunst, sich viele kleine Stücke des Kuchens zu sichern.

Sie traden hier auch nach festgelegten Regeln und machen dabei besonders kurze Gewinnstrecken. Mit entsprechend viel Einsatz, kann sich auch das lohnen. Oder Sie scalpen einfach den ganzen Tag und haben am Ende locker eine zweistellige Anzahl an Trades und Gewinnen.

Wichtig beim Scalping ist nicht nur die Technik, sondern auch die Gebührenstruktur Ihres Brokers, wie sie auf den folgenden Seiten noch lesen werden. Haben Sie einen hohen Spread, den Unterschied zwischen Ihrem Kauf- und Verkaufspreis, wird es unmöglich, profitabel zu scalpen.

Achten Sie deshalb darauf, dass der Spread gering ist. Dann kann sich Scalping durchaus lohnen. Beim Scalping werden Sie wesentlich öfter handeln, als wenn Sie nach Breakouts suchen.

Nehmen Sie den Chart im vorigen Beispiel zum Breakout-Trading und stellen Sie sich das auf kleiner Zeitebene vor. Dann wäre es Scalping. Würde das ein 5-Minuten-Chart und kein Tageschart sein, könnte Ihr Einstieg derselbe sein. Allerdings hätten Sie dann einen festen Take-Profit, wann Sie Ihre Position mit Gewinn verkaufen. Das ist beim Scalping oft ein Verhältnis zum Stop-Loss. Liegt Ihr Stop-Loss beispielsweise in einem Abstand von 20 Punkten – weil dort das letzte Tief war – ist Ihr Take-Profit auch nur 20 Punkte vom Einstieg entfernt.

Tradingplattform

Viele Broker bieten unterschiedliche Handelsplattformen an. Einige haben Ihre eigene Software, wie Lynx, IB Trader Workstation (TWS), andere nutzen den häufig verwendeten MetaTrader 4 oder MetaTrader 5.

Wenn Sie mit Aktien handeln, kann das Ihr Broker einfach online im Browser oder per App anbieten. Sie müssen dafür lediglich die WKN oder das Kürzel Ihres Wertpapiers kennen. Möchten Sie die Charts ausführlicher studieren, sind zusätzliche Programme, wie auf tradingview.com hilfreich.

Entscheiden Sie sich im darauffolgenden Kapitel der Trading-Instrumente für den CFD-Handel, so werden sie in der Regel mit Meta-Trader 4 handeln. Dort können Sie gratis fast unendlich viele Werte analysieren und es stehen eine große Anzahl an Indikatoren kostenlos zur Verfügung. Letztlich ist aber Ihr Wissen wichtiger, wie Sie den Chart lesen und wann Sie traden, als 10 Indikatoren gleichzeitig im Chart zu verwenden.

Es gibt auch zahlreiche Videos auf YouTube, die genau erklären, wie die Software von MetaTrader 4 funktioniert und wie Sie sich aus dem Internet zusätzlich heruntergeladene Indikatoren installieren können. Geben Sie hierfür nur kein Geld aus. Indikatoren werden zahlreich angepriesen und verkauft. Denken Sie dabei an den Goldrausch in den USA. Reich geworden, sind in der Regel nicht die Goldschürfer, sondern die Schaufelverkäufer. Ähnliche Parallelen sehe ich beim Verkauf von Indikatoren.

Schauen Sie noch einmal das Beispiel von oben an. Beim Break-out brauchte ich nicht einen Indikator! Ich habe nur abhängig von den Kerzen mein Ziel berechnet. Machen Sie es nicht komplizierter als nötig.

Ein- und Ausstieg – das perfekte Timing

Die Frage nach dem besten Zeitpunkt für den Einstieg in einen Trade kommt immer wieder und ist auch leicht beantwortet. Versuchen Sie nicht, ihn zu treffen. Sie werden nur rückblickend erkennen, wann das Timing perfekt gewesen wäre. Machen Sie Ihr System nicht von idealen Situationen abhängig!

Das richtige Timing hängt auch von Ihrem Tradingstil ab. Scalpen Sie, dann haben Sie kurze Strecken, die Sie traden. Und davon viele. Hier zählt die Masse und wenn Sie den Tag mit Profit beenden, ist das alles, was zählt. Da ist das Timing wichtiger. Traden Sie im Tages-schart, kommt es nicht auf jede Minute oder vielleicht sogar Stunde an, wann sie genau einsteigen.

Oder schauen Sie sich den Trade in den Charts wenige Seiten zuvor an. Der Einstieg war einfach bei Eröffnung der nächsten Kerze. So einfach ist das mit den Regeln. Sie müssen nicht das Rad neu erfinden.

Bevor Sie hier minimal etwas verändern und versuchen ein Quäntchen mehr herauszuholen, testen Sie lieber Ihre Strategie 100-mal in der Theorie. Scrollen Sie den Chart einige Zeit zurück und suchen

Sie dann nach möglichen Einstiegen. Analysieren Sie, wie diese Trades ausgegangen wären. Glauben Sie mir, dass hilft Ihnen auf Dauer entscheidend weiter.

Zwischenfazit

Sie haben unterschiedliche Tradingstile kennengelernt und kennen sich, wenn Sie die entsprechenden Kapitel gelesen haben, auch mit Charttechnik aus.

Auf den nächsten Seiten zeigen wir Ihnen, welche Trading-Instrumente Sie handeln können. Dort wird auch noch näher auf Aktien, Optionen, CFDs, Zertifikate & Co. eingegangen.

Ähnlich wie bei der Wahl für Ihren passenden Tradingstil, wird sich auch hier entscheiden, welche Wertpapiere für Sie sinnvoll sind. Wie erwähnt, hängt das auch von Ihrem Kapital ab. Und völlig egal, wie viel das ist: Starten Sie erst einmal nur mit kleinem Geld. Bevor Sie mehr Geld für das Trading in die Hand nehmen, ist diese Methode definitiv hilfreich und spart vor allem Geld.

,,

Liebe Leserin, lieber Leser,

3 besonders wichtige Punkte hat Herr Berkholz gerade angesprochen:

1. Start mit kleinem Geld

Mit kleinem Geld starten und großes Geld als realistisches Ziel, das gefällt mir. Und auch, wenn es „in den Fingern" juckt, wenn Sie jetzt an der Börse Geld machen wollen, starten Sie langsam. Das hat hier Herr Berkholz geschrieben. Und in meinem Interview mit Herrn Heißmann (im Buch ab Seite 261) sagt er dasselbe. Denn auf der einen Seite bekommen Sie nur Erfahrung, wenn Sie wirklich Geld einsetzen. Auf der anderen Seite dürfen Sie gerade zum Start nicht (zu) viel riskieren.

2. Ihr Tragding-Stil

Wo fühlen Sie sich am wohlsten. Beim schnellen Daytrading oder eher beim etwas ruhigeren Swingtrading? Geld machen können Sie so oder so. Die Zeit wird zeigen, was zu Ihnen passt.

Zum Start ist es ganz einfach: Mischen Sie die beiden Formen beziehungsweise grenzen Sie Daytrading nicht vom Swingtrading ab. Beides ist gut. Beides führt zu Gewinnen. Sammeln Sie Erfahrung und dann ergibt sich von selbst, ob Sie eher schnell oder etwas ruhiger traden. Außerdem müssen Sie das ja auch nicht festlegen. Vielleicht nutzen Sie einfach beide Arten für Gewinne.

Sonderform Scalping

Eine besondere Art ist das Scalping. Gleich vorweg, für den Einsteiger empfehle ich es nicht. Aber es ist eine interessante Art, auf die Schnelle einen Hunderter oder mehr zu verdienen. In der Praxis kann es so gehen:

Sie wissen, dass es um 14:30 Uhr MEZ Nachrichten gibt, die die Kurse bewegen. Das können zum Beispiel Arbeitsmarktdaten aus den USA sein. Sagen wir, Sie traden den Mini-Future des Dow Jones, das ist der YM. Nehmen wir an, der notiert um 34.500 Punkte. Aus Erfahrung wissen Sie, dass der YM oft nach den Zahlen in die Höhe schießt und dann zurückfällt. Das ist eine Sache von wenigen Sekunden. Sie sagen sich, wenn der YM von 34.500 auf 34.520 schießt, läuft er auch auf 34.550 und 34.600 Punkte. Dann könnten Ihre Orders so aussehen:

Stop-buy bei 34.520 Punkte
Take-Profit bei 34.595 Punkte
Stop-Loss bei 34.450 Punkte

Die beiden Ausstiege verknüpfen Sie mit der Order „One Cancels The Other". Wenn es gut läuft, explodiert der Kurs auf 34.600 oder höher. Bei 34.520 wird Ihre Order ausgeführt. Bei 34.595 Punkten sind Sie mit 75 Punkten Gewinn raus. Dauer? Unter Umständen 1 bis 3 Sekunden. Gewinn je Punkt = 5 USD, also hier 375 USD in 1 Sekunde!

Eine Spielerei, die auch nach hinten losgehen kann. Denn rennt der Kurs nach unten, verlieren Sie in 1 Sekunde 50 Punkte (bis zum Stop-Loss), entsprechend 250 USD:

Halten wir uns lieber daran, was Herr Berkholz über Trends sagt. Diese können Sie zuverlässig und gewinnbringend traden:

3. Nutzen Sie Trends

Der große übergeordnete Trend lautet aufwärts. Alle Crashs, die die Märkte mitgemacht haben, konnten den großen Trend nicht stoppen: Aufwärts! Also haben Sie die größten Gewinn-Chancen, wenn Sie grundsätzlich auf steigende Kurse setzen. Aber natürlich gibt es lange Phasen, in denen die Märkte abwärts laufen. So zum Beispiel in den Jahren 2000 bis 2003, beim damaligen großen Crash.

Setzen Sie auf den Trend, der zu Ihrem Zeithorizont passt und stellen Sie sich möglichst nicht gegen den Trend. Kurze Gegenbewegungen des übergeordneten Trends zu traden, ist schwerer und weniger erfolgreich als mit dem größeren Trend zu gehen. Idealerweise sind der kurz-, mittel- und langfristige Trend aufwärts gerichtet und Sie setzen auf steigende Kurse.

Sie wissen ja, ich nenne das Traden Geld machen. Denn darum geht's. Um es mit den Worten von Herrn Lang zu sagen, da ist Musik drin. Wo die Musik spielt, sagt er Ihnen auf den folgenden Seiten.

Herr Lang, bitte übernehmen.

Ihre

Laura Walterscheid
Laura Walterscheid

Hier spielt die Musik: die wichtigsten Trading-Instrumente/- märkte

Basiswerte

Als Anleger müssen wir uns immer wieder die Frage stellen, in welche Produkte wir investieren möchten, um eine Handelsidee für uns bestmöglich umzusetzen. Dazu gehört nicht nur, welche Märkte wir „spielen" wollen, sondern auch welches Instrument uns das beste Profil aus Vor- und Nachteilen in der jeweiligen Situation bietet.

Da es unzählige Produkte, Strategien und Märkte gibt, ist es dabei nicht schwer, schnell den Überblick verlieren. Denn an der Börse hat man tatsächlich „die Qual der Wahl".

Jeder Anleger sollte sich deshalb einige **wichtige Fragen** vorab stellen:

- Wie viel Risiko bin ich bereit einzugehen und was kann ich mir leisten zu verlieren?
- Möchte ich mit Hebel handeln?
- Wie viel Kapital kann und will ich aufbringen und welche Handelsinstrumente machen dann Sinn?
- Möchte ich kurz- oder mittelfristig traden oder langfristig investieren?
- Möchte ich aktiv traden oder passiv investieren?

Um Ihnen das Finden der richtigen Handelsinstrumente zukünftig möglichst einfach zu machen, werden Sie auf den folgenden Seiten einige der gängigsten Finanzprodukte kennenlernen. Sie werden schnell sehen ... Wenn Sie wissen, was sich hinter den Namen verbirgt und welche Besonderheiten diese Produkte haben, können Sie viel einfacher und effektiver entscheiden, welche Instrumente für Sie, Ihre Bedürfnisse als Anleger und Ihre Ziele am besten geeignet sind.

Basiswerte & Derivate: Eine kurze Definition und Erklärung

Wir beginnen unseren Überblick über die Welt der Finanzinstrumente mit einer wichtigen Unterscheidung. Denn diese lassen sich in zwei große Gruppen aufteilen: Basiswerte und Derivate.

Der Unterschied hierbei ist, dass eine der beiden Gruppen, Basiswerte, sich eigenständig vom Kurs her entwickelt. Derivate wiederum hängen in ihrer Kursentwicklung von anderen Basiswerten ab.

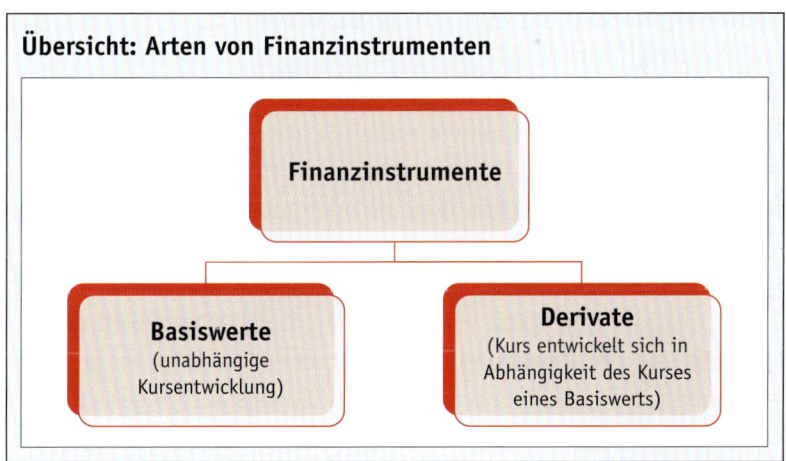

Basiswerte vs. Derivate

Das bedeutet auf Derivate bezogen, ein **Basiswert** (engl. „Underlying") ist das dem Finanzinstrument (Derivat) zugrunde liegende Bezugsobjekt. Dies kann eine Aktie sein oder aber ein Rohstoff, eine Währung, ein Index, ein ETF, eine Kryptowährung oder andere börsengehandelte Instrumente.

Wenn sich der Kurs bzw. Preis des Basiswertes verändert, verändert sich in der Regel auch der Kurs bzw. Preis des Derivats. Das Derivat ist somit abhängig vom Basiswert, was seine Preisentwicklung angeht. Ein Basiswert hingegen verändert seinen Preis unabhängig.

Das bedeutet aber auch, dass Sie als Anleger mit Hilfe von derivativen Finanzinstrumenten, die wir in diesem Kapital besprechen werden, von Preisveränderungen in einem Basiswert profitieren können, ohne den Basiswert selbst tatsächlich kaufen zu müssen. Doch werden wir einmal etwas konkreter ...

Sicher kennen Sie bereits einige Basiswerte ...

Der bekannteste Basiswert ist zweifellos die Aktie. Nahezu jeder Privatanleger beginnt mit seinen ersten Schritten am Markt hier und hat bereits seine Erfahrungen mit diesem Produkt gemacht. Vielleicht haben auch Sie schon die eine oder andere Aktie gekauft oder verkauft?

Ein Derivat auf eine Aktie würde Ihnen z.B. die Möglichkeit geben, genauso von der Bewegung der entsprechenden Aktie zu profitieren, aber dabei nur einen Bruchteil des Kapitals aufbringen zu müssen. Dies erzeugt den sogenannten „Hebel", welcher oftmals von kurz- und mittelfristig orientierteren Tradern eingesetzt wird. Für diese sind derivative Finanzprodukte eine ausgezeichnete Wahl. Wollen Sie hingegen wirklich langfristig investieren, dann eignet sich oft ein direktes Investment in die Basiswerte am besten.

Doch Derivate können ebenso Ihre Flexibilität als Anleger erhöhen. Denn einige Instrumente ermöglichen es Ihnen auch, von seitwärts bewegenden Kursen zu profitieren.

Egal, ob Sie Basiswerte oder Derivate handeln: Eine solide Analyse ist stets Ihr erster Schritt

Bevor wir hier jedoch zu technisch werden, sollte ein Punkt absolut klar sein: Egal, ob Sie Basiswerte oder Derivate handeln möchten – ohne eine handfeste und qualitativ gute Analyse haben Sie kaum Chancen auf dauerhaft hohe Gewinne.

Daher sehen wir uns nachfolgend noch ein effektives Hilfsmittel an, mit dem Sie den bekanntesten Basiswert, die Aktie, exzellent analysieren können. Das Ziel dabei? Ab jetzt nie wieder den nächsten großen Gewinner verpassen!

Dieses mächtige Analysetool liefert Ihnen Top-Ergebnisse!

Das erste Problem, was sich uns stellt, ist natürlich, dass es zehntausende Aktien weltweit gibt. Diese können Sie als Privatanleger natürlich nicht alle alleine en Detail analysieren. Und somit stellt sich hier auch gar nicht die Frage, ob Sie lieber in eine Aktie investieren oder in ein Derivat auf die Aktie setzen wollen. Denn Sie benötigen ja überhaupt erst einmal eine vernünftige Analyse.

Ich persönlich habe dieses Problem für mich mittels eines genialen Tools gelöst, was das Spielfeld für Privatanleger vs. große Marktteilnehmer an den Börsen extrem ebnet, denn es verfügt über einige herausragende Vorteile. Das Tool, von dem ich dabei spreche, ist der **OCT-Aktienscreener** (OCT steht dabei als Abkürzung für „One Click Trading"). Ich persönlich verwende diesen für meine eigenen Analysen und könnte ihn mir heutzutage kaum mehr wegdenken.

Denn mit dem OCT-Aktienscreener können Sie ein riesiges Universum von Aktien nach fundamentalen und charttechnischen Kriterien filtern und durchsuchen, die Charts analysieren und die Kennzahlen genau unter die Lupe nehmen – und das alles in einem Programm!

Sie können selbst entscheiden, wo bei Ihrer Suche die Schwerpunkte liegen sollen und nach welchen Unternehmenskennzahlen, Chartmustern oder einer Kombination aus beiden gefiltert werden soll. Hier sind der Phantasie also keine Grenzen gesetzt und egal was für Sie im Vordergrund steht, ob Momentum und Dynamik oder Stabilität und Dividenden ... mit diesem Tool finden Sie aus tausenden Aktien diejenigen, die Ihre Kriterien am besten erfüllen. Sei es, dass Sie die Aktie direkt handeln, oder dass Sie mit Derivaten auf Aktien traden.

Besser können Sie kaum die Gewinner von morgen bereits heute finden!

Alle relevanten Kennzahlen werden im OCT-Aktienscreener anschaulich dargestellt und die gewissenhafte und ausführliche Analyse wird so zum Kinderspiel. Auch der Vergleich von Aktien untereinander ist mit dem Programm blitzschnell erledigt.

Bereits an diesem kleinen Beispiel sehen Sie die bestechende Einfachheit und Klarheit des OCT-Aktienscreeners

Anhand eines kurzen Beispiels möchte ich Ihnen den Aktienscreener etwas genauer vorstellen und Ihnen auch nochmals veranschaulichen, warum noch vor der Auswahl des Handelsinstruments immer die ausführliche Analyse steht.

Nehmen wir dazu einmal an, wir durchsuchen 2.000 in den USA gelistete Aktien nach Wachstumskennzahlen und erhalten mit einem Klick eine Liste mit den 30 Werten, die unsere eingestellten Filter-Kriterien erfüllen.

Wir wissen nun, welche konkreten Aktien aus den 2.000 durchsuchten Werten für einen Kauf am ehesten in Frage kommen könnten. Da wir in ein Unternehmen investieren wollen, welches im Technologie-Sektor tätig ist, konzentrieren wir uns nur auf diejenigen Such-Treffer, die auch dieses Kriterium erfüllen. Die Zahlen eines Unternehmens fallen uns dabei besonders überzeugend auf:

Exzellente fundamentale Kennzahlen		
✔ Umsatzwachstum (TTM)	295,67 %	▮
✔ Ø Umsatzwachstum 2 Jahre	183,23 %	▮
✔ Umsatzwachstum Quartal (ggü. Vorjahr)	191,39 %	▮
✔ Ø EPS-Wachstum 2 Jahre	788,82 %	▮
✔ EPS-Wachstum (TTM) negative Basis	1.500,00 %	▮
✔ EPS-Wachstum Quartal (ggü. Vorjahr) negative Basis	670,00 %	▮

Wachstumskennzahlen im OCT-Aktienscreener

Wir wollen uns noch einen genaueren Überblick verschaffen und ziehen noch weitere Auswertungen hinzu. Mit dem OCT-Aktienscreener geht das alles mit einem Klick und es dauert nur wenige Minuten sich ein umfassendes Bild zu machen.

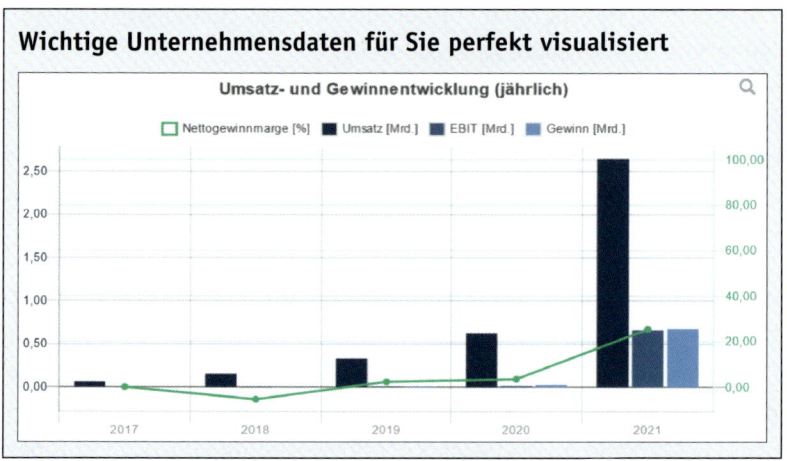

Umsatz- und Gewinnkennzahlen im OCT-Aktienscreener

Wir sind von den Zahlen überzeugt und wollen nun eine Analyse der Angebot-Nachfrage-Situation anhand des Chartbilds und Handelsvolumens durchführen. Auch das ist mit dem OCT-Aktienscreener problemlos und ohne Umwege möglich.

Der nächste Schritt: ein Blick auf den Chart

Chartanalyse leichtgemacht – dank OCT-Aktienscreener

Nun sind wir restlos überzeugt und haben unseren nächsten Kaufkandidaten festgelegt. Und erst jetzt können wir uns überlegen auf welches Szenario genau wir setzen wollen und welches Instrument sich dafür am besten eignet. Sie sehen also:

Zuerst müssen Sie immer wissen, **was** Sie kaufen oder verkaufen wollen bzw. ob es sich um einen kurzfristigen Trade oder um ein langfristiges Investment handeln soll. Erst dann können Sie entscheiden, **wie** Sie Ihre Trading-Idee am sinnvollsten umsetzen und mit welchem Vehikel (direkt die Aktie kaufen, mit einem Hebel-Produkt arbeiten, etc.).

Mit dem OCT-Aktienscreener können Sie den ersten Schritt gehen und die Frage nach dem „WAS?" beantworten. Mehr Informationen zu dem Analysetool finden Sie unter: www.aktienscreener.com.

Auf den folgenden Seiten werden wir uns nun einige der sinnvollsten Trading- und Investmentvehikel ansehen. Damit können Sie dann auch zukünftig bei jedem Geschäft an der Börse für sich die Frage nach dem **„WIE?"** sicher und effektiv beantworten.

CFDs (engl. contract for difference)

Eine kurze Definition

Ein CFD ist ein derivatives Finanzinstrument, mit dem Anleger (gehebelt) auf steigende und/oder fallende Kurse in einem Basiswert setzen können. Somit reflektiert ein CFD die Kursentwicklung des zu Grunde liegenden Basiswertes, ohne dass der Anleger eine Beteiligung an einem Unternehmen oder einem anderen realen Vermögensgegenstand erwirbt.

CFDs gibt es dabei auf die unterschiedlichsten Basiswerte. Somit können Sie mit einem solchen Kontrakt beispielsweise von Preisveränderung bei Aktien, Indizes, Anleihen, Währungspaaren, Kryptowährungen, Rohstoffen, etc. profitieren.

Geschichte des CFD Handels

In den 80er Jahren wurde in London nach einer Möglichkeit gesucht, die in England anfallende „Stempelsteuer" zu umgehen. Aus diesem Grund wurde der „contract for difference" (CFD) ins Leben gerufen. Da ein CFD Geschäft außerbörslich stattfindet – also direkt zwischen zwei Parteien- konnte die Steuer vermieden werden, die bei Transaktionen an der London Stock Exchange fällig war.

Seitdem hat sich der CFD in Europa immer mehr als beliebtes Finanzinstrument etabliert und wird von zahlreichen Brokern angeboten.

Verwendung und Funktionsweise

CFDs werden einerseits zur Absicherung gegen Kursschwankungen eingesetzt und können andererseits für den spekulativen Handel verwendet werden. Da es sich um ein gehebeltes Finanzprodukt handelt, sind hohe Gewinne aber auch hohe Verluste möglich.

Ein CFD-Geschäft kommt direkt zwischen dem Anleger und einem Anbieter/**Market Maker** (in den meisten Fällen ist das Ihr Broker) zustande. Der Handel findet also überwiegend außerbörslich statt (engl. OTC, kurz für „over the counter").

Der Anleger muss für das getätigte Geschäft eine Geld-Sicherheit hinterlegen, die in der Regel deutlich niedriger ist als der tatsächliche Wert des zugrunde liegenden Underlyings. Daraus ergibt sich der Hebel mit dem gehandelt werden kann. Die Preisdifferenz zwischen Einstieg und Ausstieg, die beim Schließen der Position realisiert wird, also die Differenz zwischen Einstiegskurs und Ausstiegskurs, ergibt den Gewinn bzw. den Verlust.

Anwendungsbeispiel

Nehmen wir an, Sie kaufen 100 Stück der Aktie „X" zu einem Kurs von 100 €. Dies würde einen Gesamtbetrag von 10.000 € für die Investition bedeuten (100 x 100 € = 10.000 €). Beim Handel mit einem Differenzkontrakt (CFD) muss aber nicht die gesamte Summe aufgebracht werden, sondern nur ein Teil als sogenannte Margin hinterlegt werden. Das restliche Kapital wird Ihnen quasi vom Broker „geliehen".

Nehmen wir an, unsere Margin läge bei 10%, dann müssten wir 1.000 € hinterlegen um 100 Stück der Aktie „X" (in unserem Beispiel der Basiswert des CFD) handeln zu können. Sie hinterlegen also 1.000 € und handeln damit eine 10.000 € Position.

Steigt nun der Kurs der Aktie um 20%, wäre die Position 12.000 € wert. Wenn Sie jetzt Ihre Aktie „X"-CFD Position schließen würden, hätten Sie einen Profit von 2.000 € eingefahren. Sie profitieren mit Hilfe des CFDs von der Bewegung der Aktie, ohne die Aktie an sich gekauft zu haben. Der CFD Kontrakt bildet die Preisbewegung der Aktie nämlich 1:1 nach.

Der Hebel ist also das Verhältnis zwischen dem Wert der Position und dem von Ihnen eingesetzten Kapital (Margin) um diese Position handeln zu können.

Wenn Sie wissen, wie viel Margin Sie hinterlegen müssen, können Sie ganz einfach den Hebel berechnen:

Hebel = Margin in % / 100%
in unserem Beispiel → Hebel = 10% / 100% = (0,1) → 10

Sie handeln in unserem Beispiel folglich mit einem 10er Hebel.

Es ist wichtig zu beachten, dass der Hebel natürlich in beide Richtungen wirkt. Somit ist es bei gehebelten Finanzinstrumenten besonders wichtig auf das Risiko zu achten!

Wichtig ist dabei auch: Die für die laufenden Geschäfte benötigte Margin, muss in Ihrem Konto immer vorhanden sein. Sollten einmal Positionen in die Verlustzone laufen und der Kontostand auf dem Trading-Depot nicht mehr ausreichen, um die Marginanforderungen zu decken, dann erhalten Sie einen sogenannten **Margin Call**. Diese Situation sollten Sie unbedingt vermeiden, da in diesem Fall eine Nachschusspflicht für Sie droht! Ansonsten verkauft der Broker unmittelbar Ihre Positionen, bis wieder genug Deckung auf dem Konto ist – egal ob Sie das wollen oder nicht. Das kann zu herben Verlusten auf Ihrem Konto führen!

Haben Sie daher stets einen Blick auf Ihr Konto, wenn Sie mit Margin handeln. Jeder gute Broker bietet Ihnen hier Live-Übersichten, mit denen sich derartige Probleme sehr gut im Vorfeld vermeiden lassen.

Ein Überblick über die Kosten bei CFD-Geschäften

Bei einem CFD-Geschäft fallen natürlich auch Kosten an. Zum einen, der Unterschied zwischen An- und Verkaufspreis (**Geld-Brief-Spanne** → Bid-Ask-Spanne) und zum anderen die **Übernacht-Finanzierungskosten** (Zinsen), die anfallen, wenn eine Position über einen längeren Zeitraum gehalten wird. Außerdem können noch Transaktionskosten und Kontoführungsgebühren hinzukommen.

Informieren Sie sich daher auf jeden Fall <u>im Voraus</u> über die genaue Kostenstruktur, bevor Sie ein Konto bei einem CFD Broker eröffnen.

Tipps & Tricks zum Einsatz von CFDs

CFDs eignen sich hervorragend, um von kurzen Preis-Bewegungen zu profitieren. Besonders für Daytrading-Strategien ist dieses Finanzinstrument daher prädestiniert. Eröffnen und schließen Sie Ihre Position am selben Tag, fallen nämlich keine Übernacht-Finanzierungskosten an und Sie umgehen einen Teil der Kosten, die beim CFD Handel entstehen können.

Durch den beachtlichen Hebel, den CFDs ermöglichen, können Sie mit diesen Instrumenten selbst von kleinen Kursbewegungen massiv profitieren. Aber auch etwas längerfristige Swingtrading-Strategien lassen sich sehr gut mit Hilfe von CFDs umsetzten.

Ein weiterer Vorteil von CFDs ist, dass nur vergleichsweise wenig Einsatz (Margin) nötig ist um zu handeln. Dadurch können Sie auch mit einem relativ kleinen Handelskonto (unter 3.000 €) von Bewegungen in den unterschiedlichsten Basiswerten profitieren. Das Tolle daran: Es gibt CFDs auf Gold, Rohöl, den DAX, die Amazon-Aktie und viele mehr. Grenzen werden Ihnen dabei nur durch Basiswerte gesetzt, die Ihr jeweiliger Broker anbietet.

Bei jedem Finanzinstrument und jeder Trading-Strategie sollten Sie unbedingt auf die Begrenzung des Risikos achten. Bei gehebelten Produkten aber natürlich ganz besonders. Bevor Sie einen Trade eröffnen, sollten Sie schon den Maximalverlust definiert haben und entsprechend Ihren Stop-Loss setzen. Mit CFDs lässt sich genauso leicht von fallenden wie von steigenden Kursen profitieren. Sie können den CFD Ihrer Wahl einfach kaufen (**„long" gehen**) oder verkaufen (**„short" gehen**).

Die Gewinnmöglichkeiten mit CFDs sind – dank dem möglichen Hebel – natürlich immens. Als Anleger dürfen wir aber nie vergessen, dass der Hebel in beide Richtungen arbeitet und bei mangelnder Disziplin auch hohe Verluste möglich sind.

Vorteile von CFDs

- nur ein Bruchteil der Kosten des Basiswertes (z.B. der Aktie) müssen als Sicherheit hinterlegt werden
- hoher Hebel, mit dem überproportionale Gewinne möglich sind
- hervorragend für kurzfristige Strategien geeignet (besonders für Daytrading-Strategien)
- Handel auch mit relativ kleinen Konten möglich
- genauso leicht von fallenden wie von steigenden Kursen profitieren
- sehr viele Basiswerte lassen sich über CFDs handeln (es gibt kaum ein Produkt an dessen Preisbewegung man so nicht partizipieren kann)
- einfache und nachvollziehbare Preisbildung

Nachteile von CFDs

- der Hebel kann auch zu hohen Verlusten bis hin zum Totalverlust führen, wenn nicht äußerst diszipliniert vorgegangen wird
- Finanzierungskosten können bei längerer Haltedauer den Gewinn deutlich schmälern
- direkter Handel mit einem Anbieter (Broker) und nicht über die Börse. Hier ist die Wahl des „richtigen" Brokers besonders entscheidend

Futures

Eine kurze Definition

Ein **Future** (engl. futures contract) ist ein Terminkontrakt, also ein Finanzkontrakt, der ein unbedingtes Termingeschäft zum Gegenstand hat und standardisiert an der Terminbörse gehandelt wird. Futures werden auf eine Vielzahl von Waren gehandelt, z.B. auf Aktien-Indizes (DAX, S&P 500, NASDAQ Composite, etc.), Währungen, Rohstoffe (Weizen, Öl, Kupfer, Kaffee, etc.), und viele mehr. Am bekanntesten sind wohl die Rohstoff-Futures.

Mit einem Future vereinbaren Käufer und Verkäufer des Kontrakts, den Kauf oder Verkauf eines Basiswerts (z.B. Weizen), wobei der Liefertermin in der Zukunft liegt. Der Tag (Datum) des tatsächlichen Kaufs/Verkaufs, der Preis und die Qualität des Basiswerts, werden zu Beginn festgehalten.

Einfacher gesagt, bei einem Futures-Geschäft verpflichtet sich der Verkäufer eine vereinbarte Menge eines bestimmten Guts (Basiswert), mit einer bestimmten Qualität, zu einem bestimmten Preis und zu einem bestimmten Zeitpunkt zu verkaufen/zu liefern. Der Käufer verpflichtet sich wiederum, diese Menge zu diesen Konditionen abzunehmen. Das Geschäft ist für beide Parteien juristisch bindend und der Ausgleich kann entweder physisch (tatsächliche Lieferung und Abnahme) oder in Form eines Barausgleichs (Cash Settlement) stattfinden. Zwischen Käufer und Verkäufer steht das **Clearinghaus**, welches jeweils der Vertragspartner wird, um das Ausfallrisiko zu minimieren.

Mit einem Futures-Kontrakt kann auch „nur" auf eine Preisveränderung gesetzt werden (der Trader gewinnt/verliert die Differenz
zwischen seinem Einstiegspreis und dem Preis, bei dem er die
Position glattstellt). Die rein spekulative Verwendung von Futures-
Kontrakten ist weit verbreitet.

Geschichte des Future-Handels

Gewisse Rohstoffe werden schon seit sehr langer Zeit über Termin-
kontrakte gehandelt. Bereits in den 1550er Jahren trieben in
Europa Händler den Getreidepreis mit Hilfe von Terminkontrakten
in die Höhe und 1612 waren bereits weit über 100 Broker alleine
in Amsterdam im Bereich des Terminhandels tätig.

Bei der sehr bekannten Spekulationsblase der „Tulpen-Manie"
(Tulip Mania) spielten Terminkontrakte auch eine entscheidende
Rolle. Die erste reine Terminbörse wurde 1732 in Japan gegründet
und war auf den Handel mit Reis spezialisiert (Dojima Rice Market).
Seitdem ist der Terminkontrakt (Future) nicht mehr wegzudenken
und hat an den internationalen Finanzmärkten immer mehr an
Bedeutung gewonnen. Heute ist die CME-Group mit der Chicago
Mercantile Exchange die größte Terminbörse der Welt.

Noch heute werden die Preise für Rohstoffe durch Angebot und
Nachfrage an der Börse bestimmt. Denken Sie daran, wenn Sie das
nächste Mal Ihr Auto tanken oder einen Kaffee kaufen. Die Preise,
die an den Börsen zustande kommen, betreffen Sie überall in
Ihrem Alltag.

Verwendung und Funktionsweise

Futures Kontrakte werden sowohl für spekulative Zwecke (also um von steigenden oder fallenden Kursen zu profitieren), als auch für den tatsächlichen Handel von Gütern bzw. für die Absicherung gegen Preisschwankungen in den zugrunde liegenden Gütern verwendet.

Ein Beispiel für die Verwendung von <u>Futures als tatsächlicher Händler</u> eines Rohstoffes:

Ein Kaffee-Produzent möchte sich für seine Kaffeebohnen der kommenden Ernte bereits jetzt einen bestimmten Verkaufspreis fixieren. Somit ist er gegen einen möglichen Preisverfall abgesichert. Sollten die Kaffeepreise jedoch steigen, wäre die Fixierung auf dem dann niedrigeren Niveau für ihn allerdings von Nachteil.

Mit Hilfe von Futures Kontrakten kann der Produzent eine Planungssicherheit erreichen, genauso wie der Abnehmer. Auch er hat einen planbaren Preis und weiß, zu welchen Kosten er die Menge an Kaffee in der Zukunft beziehen kann.

Ein Beispiel für die Verwendung von <u>Futures zu spekulativen Zwecken</u>:

Ein Futures Trader geht davon aus, dass der Kaffeepreis in den kommenden Monaten stark steigen wird. Um von den steigenden Kursen profitieren zu können, kauft er Kaffee-Futures und verkauft sie dann zu einem späteren Zeitpunkt – wenn sein Plan aufgeht – zu einem höheren Preis weiter. Der Trader hat natürlich kein Interesse daran, die Kaffeebohnen tatsächlich geliefert zu bekommen.

Der Kaffee-Trader verdient in unserem Beispiel die Differenz zwischen seinem Kaufpreis und dem erzielten Verkaufspreis (abzüglich seiner Kosten natürlich).

Wie Sie sehen, gibt es verschiedene Gründe an den Futures Märkten aktiv zu sein und gerade bei diesem Instrument wird die Tatsache klar, dass Preise sich durch Angebot und Nachfrage bilden.

Futures sind ein weiteres Finanzinstrument, welches dem Anleger einen Hebel bietet. Die **Margin**, die Sie hinterlegen müssen, ist deutlich niedriger als der Preis des Underlyings. Zum Beispiel kann die **Einschusszahlung** („initial margin") bei nur 2% oder 3% des tatsächlichen Kontraktwertes liegen.

Um eine Position eröffnen zu können, ist die „Initial Margin" als Sicherheit nötig. Um die Position dann halten zu können, wird die „Maintenance Margin" benötigt. Sollten die Barmittel auf dem Konto nicht ausreichen, um die Margin-Anforderungen zu decken, erhalten Sie einen „Margin Call" (Aufforderung Geld nachzuschießen). Kommen Sie der Aufforderung nicht nach, schließt der Broker Ihre offenen Positionen.

Der Hebel ist das Verhältnis zwischen dem von Ihnen eingesetzten Kapital um die Position handeln zu können (Margin) und dem tatsächlichen Wert der Position.

Berechnen können Sie den Hebel wie folgt:

Hebel = Margin in % / 100%

Da Termin-Kontrakte verfallen und Preise in der Zukunft fixiert werden, gibt es noch einige Besonderheiten bei der Darstellung. Die Verfallsmonate werden durch einen Buchstaben gekennzeichnet → z.B.: Januar(F), Juni(M).

Außerdem hat der Futures-Kontrakt ein Symbol und das Jahr in dem der Kontrakt verfällt, wird angegeben.

Bsp.: 6EM22 → Euro FX Future(6E) – Juni 22 Kontakt(M22)

Es ist sehr wichtig darauf zu achten, wann der entsprechende Kontrakt genau verfällt bzw. wie lange er gehandelt wird – genauer Tag und genaue Uhrzeit (z.B. letzter Handelstag = letzter Geschäftstag/Werktag vor dem 3. Freitag des Kontraktmonats bis 22:15 Uhr (Central European Time)).

Preis eines Futures und Kosten beim Futures-Handel

Der Preis eines Futures-Kontrakts unterliegt der freien Preisbildung (Angebot und Nachfrage). In der Regel bewegt sich der Preis synchron zum aktuellen Preis des Underlyings (Basiswertes) auf dem Kassamarkt, konträr zu dem Terminmarkt werden die Geschäfte hierbei an der Börse sofort oder kurzfristig erfüllt. Wenn der Erfüllungszeitpunkt für den Kontrakt allerdings weiter in der Zukunft liegt, können die Preise abweichen. Der Grund sind mögliche Lagerkosten für die Ware, etc. (Cost of Carry).

> → **Futures-Preis = Kassakurs + Cost of Carry**
> **– Verfügbarkeitsprämie**

Bei einem Futures-Geschäft fallen auch Kosten für den Handel an.

Zum einen der Unterschied zwischen An- und Verkaufspreis (Geld-Brief-Spanne) → Bid-Ask-Spanne) und zum anderen die Transaktionskosten bei Ihrem Broker.

Auch beim Handel mit Futures ist es natürlich sinnvoll, sich vorab genau über die Kostenstruktur zu informieren, bevor Sie ein Broker-Konto eröffnen.

Mini-Futures

Mini-Futures bzw. E-Mini-Futures, sind elektronisch gehandelte Futures-Kontrakte, die nur einen Bruchteil des Standard-Kontrakts repräsentieren. Auch die nötige Margin für den Handel ist dementsprechend niedriger. E-Mini Kontrakte gibt es mittlerweile auf sehr viele „Full Size Kontrakte" und es handelt sich um ein sehr liquides Anlageinstrument, das sogar das Handelsvolumen der „Full Size Kontrakte" übersteigt.

Durch die geringere Margin bieten besonders die E-Mini-Futures dem Kleinanleger die Möglichkeit von Preisveränderungen in den verschiedenen Produkten zu profitieren.

Nützliche Hinweise zur Anwendung von Futures

Futures sind wirklich eines der klassischen Handelsinstrumente, mit denen Sie von den Preisbewegungen diverser Rohstoffe und Märkte profitieren können. Durch ihre lange Geschichte und das hohe Maß an Standardisierung bieten sie dem Anleger hohe Transparenz und werden deshalb auch von vielen Profis sehr gerne genutzt. Mit Futures-Kontrakten können Sie sowohl sehr gut auf kurzfristige Bewegungen setzen aber auch auf mittel- und langfristige Trends.

Für den Handel mit Futures ist aber – je nach Underlying – ein relativ großes Handelskonto nötig. Dieses Produkt macht am meisten Sinn, wenn die Depotgröße 20.000 € überschreitet. Das Reizvolle am Futures-Traden ist aber auch die Tatsache, dass man tatsächlich „mit den Profis" handelt. Und wem im regulären Futures-Handel die Kontraktgrößen zu hoch sind, der kann ja auch auf Mini-Futures ausweichen. Der Markt bietet also für jeden „Geldbeutel" große Chancen!

Vorteile von Futures:

- hohes Maß an Transparenz und Standardisierung
- hohe Renditen möglich
- auf fallende und steigende Kurse setzen
- kein Emittentenrisiko

Nachteile von Futures:

- „Rollen" (=Verkauf von auslaufenden Kontrakten und Neukauf von Kontrakten mit längerer Laufzeit) der Position nötig, wenn man länger investiert bleiben möchte. Dies verursacht nicht selten spürbare Kosten („Rollkosten")
- hohe Verluste möglich und (theoretisch) unbegrenzte Nachschusspflicht
- nur direktionale Handelsstrategien möglich

Optionen

Überblick

Während die meisten Privatanleger heute mit vielen Finanzinstrumenten schon etwas Kontakt hatten, verhält es sich bei Optionen sehr anders. Oft werden diese missverstanden (Verwechslung mit Optionsscheinen) oder gar aufgrund ihrer (gefühlten) Komplexität „gefürchtet". Dabei bietet kaum ein Handelsinstrument derart vielseitige und wichtige Möglichkeiten wie Optionen.

Optionen zählen zu den Derivaten. Ihr Preis ist also von der Entwicklung eines anderen Basiswerts abhängig. Was Optionen besonders macht ist, dass diese sowohl einzeln als auch als Bausteine komplexerer Strategien genutzt werden können, je nach passender Handelssituation.

Hierfür ist es allerdings notwendig, zunächst einmal die grundliegende Funktionsweise der beiden gängigen Optionstypen zu verstehen. Wir beginnen unseren Überblick über den Optionshandel daher, indem wir erst einmal klären, was eine Option eigentlich ist. Hierzu fangen wir ganz bodenständig an und betrachten zunächst ein Alltagsbeispiel:

Call-Optionen: So sichern Sie sich heute den Kaufpreis von morgen

Stellen Sie sich vor, Sie planen in 12 Monaten in eine andere Stadt zu ziehen und sehen sich deshalb auf dem örtlichen Immobilienmarkt um. Ein Objekt hat es Ihnen besonders angetan und Sie sprechen mit dem zuständigen Makler. Da Sie aber erst in 12 Monaten nach Musterstadt ziehen wollen, bietet Ihnen der Makler folgenden Deal an:

- Sie zahlen 5% des Kaufpreises als Reservierungsgebühr.
- Dafür erhalten Sie das Recht, aber nicht die Pflicht, die Immobilie zum jetzigen Preis innerhalb der nächsten 12 Monate zu kaufen.
- Unabhängig davon, ob Sie sich für oder gegen den Kauf entscheiden, die zu zahlende 5-%-Preissicherungsprämie wird Ihnen nicht erstattet.

Der Vorteil eines solchen Geschäfts liegt klar auf der Hand. Sie können sich trotz Ihrer 5-%-Gebühr am Ende gegen den Kauf des Hauses entscheiden. Dies wäre dann interessant, wenn etwa die Immobilienpreise in den kommenden 12 Monaten stark fallen. Vergleichbare Objekte in der Nachbarschaft wären dann deutlich günstiger zu haben, als es momentan der Fall ist. In diesem Fall verzichten Sie vermutlich gerne auf den Kauf, obwohl damit natürlich die Preissicherungsprämie verloren ist. Allerdings gleicht der günstigere Kaufpreis des Nachbarobjekts diesen Verlust wahrscheinlich mehr als aus. Der Verkäufer hingegen kassiert in jedem Fall die 5 % des Kaufpreises von Ihnen, egal ob Sie das Haus schließlich zum vereinbarten Preis kaufen oder nicht.

Ein solches Geschäft würden Sie sicherlich nicht ohne schriftlichen Vertrag abschließen. Und schon haben wir auch unser Optionsgeschäft formalisiert: Denn einen solchen Vertrag nennen wir eine **Call-Option**.

Doch das ist nicht der einzige Fachausdruck, den wir von nun an nutzen werden:

- Sie, also in unserem Beispiel der Hauskäufer, gelten aus Sicht des Optionsgeschäfts als der **Käufer / Besitzer der Option**.
- Ihr Hausverkäufer wird als **Stillhalter / Verkäufer** bezeichnet.
- Das Haus ist der **Basiswert** *(engl. Underlying)*, auf den das ganze Optionsgeschäft aufgebaut ist.
- Ihr **vereinbarter Kaufpreis** für das Haus wird im Fachjargon als **Strike** oder Basispreis bezeichnet.
- Der Termin, an dem die Option abläuft, heißt **Fälligkeitsdatum / Fälligkeit** *(engl. expiration date / date of expiry / DTE)*.
- Die Zeit bis dahin bezeichnen wir als **Laufzeit der Option** *(engl. life of an option)*.

Der Käufer kann hier also sein Recht „abrufen" *(engl. call)* und das der Option zugrunde liegende Objekt zum vereinbarten Preis erwerben, muss dies aber aus rechtlicher Sicht nicht.

Put-Optionen: Versichern Sie sich gegen starke Preisrückgänge

Bleiben wir noch einen Moment bei dem obigen Beispiel. Sie sind jetzt aber der Hauseigentümer und nehmen an, dass Sie die derzeit hohen Immobilienpreise nutzen wollen und sich gegen etwaige Preisrückschläge auf dem Immobilienmarkt absichern.

Zu diesem Zwecke bietet die fiktive Versicherung „Immobilia" Ihnen folgendes Geschäft an:

- Sie zahlen eine Preissicherungsprämie in Höhe von 10.000 €.
- Dafür erhalten Sie das Recht, aber nicht die Pflicht, Ihr Haus innerhalb der nächsten 12 Monate an das fiktive Unternehmen „Immobilia" zu einem festgelegten Preis zu verkaufen.

- Der Vorteil für Sie: Falls die Immobilienpreise weiter steigen und Ihr Haus an Wert gewinnt, verzichten Sie auf die Verkaufsoption und suchen sich einen neuen Käufer, welcher eine höhere Summe zahlt.

- Sollten jedoch die Immobilienpreise in diesem Zeitraum fallen, so haben Sie immer noch die Möglichkeit, Ihr Haus an „Immobilia" zum vereinbarten Festpreis zu veräußern.

Die obigen Situationen in unserem Beispiel lassen sich nahezu 1:1 auf den Börsenhandel übertragen. Der Basiswert der Option war in unserem Fall eine Immobilie. Beim Börsenhandel könnte er hingegen eine bestimmte Aktie, ein Index, eine Währung, ein Rohstoff, ein Future oder beispielsweise eine Anleihe sein. Das Prinzip, sich als Käufer einer Option durch die Zahlung einer Optionsprämie einen Kaufpreis (Call-Option) oder Verkaufspreis (Put-Option) zu sichern, bleibt jedoch gleich.

Fazit: Call-Optionen vs. Put-Optionen

Wir wollen die Definition, worum es sich bei einer Option handelt, somit etwas allgemeiner fassen:

Eine Option ist aus Sicht des Käufers ein verbrieftes Recht, aber keine Pflicht, eine Ware (den Basiswert) bis zum oder am Verfallsdatum, zu einem im Vorhinein fest vereinbarten Preis und in fest vereinbarter Menge zu kaufen (Call-Option) oder zu verkaufen (Put-Option).

Wie oben bereits beschrieben, nennen wir den Basiswert, auf den sich die Option bezieht, auch **Underlying**. Die Menge des Basiswerts, auf den sich ein Optionskontrakt (d.h. ein „Options-Vertrag") bezieht, heißt **Bezugsverhältnis**.

Heutzutage können Sie über regulierte Börsen auf so ziemlich jede Anlageklasse Optionen kaufen. Dies gilt insbesondere für Aktien, Rohstoffe, Währungen und Anleihen. Aber selbst auf andere Derivate wie Futures existieren Optionen.

Als **Käufer einer Option** (Call oder Put) gehen Sie also eine Art Wettvertrag ein. Sie setzen darauf, dass der Basiswert der entsprechenden Option bis zum Laufzeitende des Kontrakts gegenüber dem Kaufzeitpunkt im Preis steigt (Call) oder fällt (Put). Für diese Wette zahlen Sie eine Gebühr, die sogenannte **Optionsprämie**.

Sie haben als Käufer das Recht, jedoch nicht die Pflicht, die Option auszuüben. Als Verkäufer (Stillhalter) einer Option nehmen Sie die Gegenseite dieser Wette ein: Sie sind sozusagen das Wettbüro und vereinnahmen die Optionsprämie durch das sogenannte **Schreiben (= den Verkauf) der Option**. Sie haben allerdings die Pflicht, bei Ausübung der Option dem Käufer den Basiswert zum vereinbarten Preis zu liefern (Call) oder abzunehmen (Put), insofern seine Wette aufgeht. Die folgende Abbildung stellt diesen Zusammenhang noch einmal tabellarisch dar:

Rechte und Pflichten in einfachen Optionsgeschäften		
	Call	**Put**
Käufer	Recht zu kaufen	Recht zu verkaufen
Verkäufer (Stillhalter)	Pflicht zu verkaufen	Pflicht zu kaufen

Rechte und Pflichten von Optionskäufer und Stillhalter.

Damit sehen Sie bereits an dieser Stelle, welch breites Spektrum und welch unterschiedliche Positionierungen in einem solchen Geschäft möglich sind. Dies bereitet gerade Einsteigern immer wieder Schwierigkeiten, da hier mehr als nur zwei Dimensionen zu erfassen sind und sich damit für jede Positionierung in einem Optionsgeschäft (bzw. jede komplexere Strategie) völlig unterschiedliche Risikoprofile ergeben können.

Wir halten die Dinge jedoch erst einmal einfach und tasten uns langsam vor. Hierzu räumen wir zunächst einmal mit einem beliebten Missverständnis bei vielen deutschen Anlegern auf.

Option vs. Optionsschein: Unterschiede und Gemeinsamkeiten

Einer der beliebtesten Irrtümer deutscher Anleger ist, dass sie **Optionen** und **Optionsscheine** fälschlicherweise gleichsetzen (Alle wichtigen Details zu Optionsscheinen finden Sie im nächsten Unterkapitel). Doch hierbei handelt es sich um zwei grundsätzlich verschiedene Anlageinstrumente.

Bevor ich im Folgenden auf die Unterschiede zwischen Optionen und Optionsscheinen eingehe, will ich zuerst deren Gemeinsamkeit unterstreichen: Beide sind Derivate, deren Preisentwicklung unter anderem vom Kursverhalten des jeweiligen Basiswerts abhängt. Des Weiteren können Sie mit beiden Instrumenten dank der Hebelwirkung überproportional große Gewinne einstreichen und sich gegen Kursverluste absichern. Aber wie kommt es dann, dass gerade in Deutschland Optionen bei weitem nicht so verbreitet sind wie Optionsscheine? Während es beispielsweise in den USA genau andersherum ist?

Hier gibt es ein kleines, aber wichtiges Detail. Denn Optionsscheine werden hierzulande von der Finanzindustrie regelgerecht gepusht. Fast niemand aus der Industrie spricht hingegen großartig über Optionen. Sie fragen sich, woran das liegt? Die Antwort liegt in der Natur der Sache, denn Optionsscheine werden von den jeweiligen Banken als verbriefte Wertpapiere emittiert (= herausgegeben).

Auf zahlreichen beliebten Finanzseiten im Internet finden Sie zu einem bestimmten Basiswert (z.B. der BMW-Aktie, dem DAX oder Währungskursen, etc.) für dieselbe Laufzeit und denselben Basispreis diverse Optionsscheine verschiedener Banken. Der Grund dafür ist folgender: Wenn Sie als Kunde Optionsscheine handeln, verdienen die Banken daran zum Teil hohe Gebühren, sichern sich jedoch im Hintergrund mit Optionen gegen das Preisrisiko aus dem Geschäft ab. Als Kunden können wir hier jedoch nur von der Bank aufgelegte Optionsscheine kaufen. Wir haben keine Möglichkeit, selbst welche in den Umlauf zu bringen, wie es etwa bei Optionen der Fall ist. Banken können dies jedoch ohne Probleme.

Das bedeutet, dass Sie als deutscher Endkunde ein Produkt serviert bekommen, das Ihnen – wenn überhaupt – nur bedingt Vorteile bringt. In erster Linie profitieren die Banken, und das auf Ihre Kosten!

Optionen: So drehen Sie den Banken den Gebühren-Geldhahn zu

Bei Optionen sieht die Sache jedoch komplett anders aus. Denn diese werden nicht von Banken emittiert, sondern können im Prinzip von jedem Anleger, der die Auflagen erfüllt (Freigabe durch den jeweiligen Broker vorausgesetzt), geschrieben (= verkauft) oder gekauft werden. Das bedeutet, dass Sie beim Optionshandel sowohl die Seite des Optionskäufers als auch die des Stillhalters (zur Prämiengenerierung) wählen können. Eine zwischengeschaltete Bank wie beim Optionsscheinhandel gibt es in diesem Fall nicht.

Bei Optionen handeln Sie direkt mit dem Käufer oder Verkäufer auf der Gegenseite, gegebenenfalls noch mit dem Market Maker, der für die Kurspflege zuständig ist. Sie drehen dem Mittelsmann, in diesem Fall also den Banken, einfach den Geldhahn zu. Und das gefällt natürlich keinem Finanzhaus, das sich hier eine goldene Nase auf Ihre Kosten verdient.

Der nächste Banken-Crash? Optionen bieten auch hier Schutz!

Ein weiterer Vorteil, den Optionen gegenüber Optionsscheinen bieten, ist die Tatsache, dass Sie beim Optionshandel keinem klassischen Emittentenrisiko ausgesetzt sind: Im Falle einer Bankenpleite, wie im Jahr 2008 bei Lehman Brothers, gehen die vom Finanzhaus emittierten Optionsscheine in die Insolvenzmasse ein. Ihr Geld ist dann verloren, unabhängig davon, ob Ihre Optionsscheinwette aufging oder nicht.

Beim Optionshandel besteht dieses Risiko nicht, da Sie nicht mit einer Bank, sondern direkt mit einem anderen Marktteilnehmer handeln. Dessen Broker muss gewährleisten, dass der Anleger die erforderlichen Sicherungsleistungen aufbringt. Die regulierte Optionsbörse steht noch einmal als zusätzliche Sicherheit dahinter und garantiert, dass Sie in jedem Fall ausbezahlt werden. Das ist auch der Grund, warum es so gut wie keine institutionellen Marktteilnehmer gibt, die mit Optionsscheinen handeln. Stattdessen greift das „Big Money" auf Optionen zurück.

Für Sie bedeutet dies wiederum, dass Sie durch den direkten Handel mit Optionen auch in die Champions League der Finanzprofis aufsteigen, die den meisten deutschen Privatanlegern bewusst vorenthalten wird.

Optionsausübung: Diese Punkte sollten Sie beachten

Bis zu diesem Zeitpunkt ist nun schon mehrmals der Begriff **Optionsausübung** gefallen. Mittlerweile wissen Sie, dass der Käufer einer Option das Recht hat, vom Stillhalter der Option das Underlying zu einem bestimmten Preis zu kaufen (Call) bzw. es ihm zu verkaufen (Put). Nimmt er dieses Recht wahr, so sprechen wir von der **Ausübung einer Option** *(engl. exercise)*. Dieses Ausübungsrecht wird der Käufer nur wahrnehmen, falls sich der aktuelle Marktpreis des Basiswertes über (Call) bzw. unter (Put) dem Ausübungspreis befindet.

Niemand würde beispielsweise eine Call-Option zu 30 US-Dollar ausüben, wenn sich der Preis des Underlyings bei 29 US-Dollar befindet. Denn in diesem Fall könnten Sie den Wert einfach am Markt günstiger kaufen als durch die Ausübung der Call-Option.

Insofern sich jedoch der Marktpreis des Basiswertes über (Call) bzw. unter (Put) des Strike-Preises befindet, kann eine Ausübung für den Optionskäufer sinnvoll sein. Im Falle eines Calls bezahlt der Käufer den Ausübungspreis an den Stillhalter der Option, der im Gegenzug den jeweiligen Basiswert (z.B. die entsprechenden Aktien) liefert. Bei Ausübung einer Put-Option hat der Stillhalter die Pflicht, den Basiswert zum Ausübungspreis zu kaufen, wohingegen der Put-Käufer den Basiswert zum Ausübungspreis ausgebucht bekommt.

Ausübungsrecht: europäisch vs. amerikanisch

An den Optionsbörsen werden sowohl sogenannte Optionen mit europäischem oder amerikanischem Recht der Ausübung gehandelt. Lassen Sie sich durch diese Begrifflichkeiten jedoch nicht täuschen. Ob eine Option europäisch oder amerikanisch ist, hat rein gar nichts mit den Handelsplätzen oder mit dem betreffenden Basiswert zu tun. Vielmehr wird damit die Ausübungsmöglichkeit der Option bezeichnet.

Bei amerikanischer Auflegung bedeutet das, dass Sie als Optionskäufer schon vor Ende der Optionslaufzeit Ihr Ausübungsrecht zum Kauf (Calls) oder Verkauf (Put) nutzen können. Im Folgenden gehen wir hier ausschließlich von der weiter verbreiteten amerikanischen Variante aus, mit welcher ab Beginn der Optionsauflegung das Ausübungsrecht wahrgenommen werden kann.

Praxisbeispiel 1: Kauf eines Calls auf Facebook

Theoretische Überlegungen müssen sein. Doch oftmals hilft ein Blick in die Praxis, um sich einen Zusammenhang klarer zu machen. Wir sehen uns daher nachfolgend ein reales Zahlenbeispiel an (nur zur Veranschaulichung, keine Handelsempfehlung!).

In der folgenden Abbildung sehen Sie die Facebook-Aktie, die zum Erstellzeitpunkt dieses Buches bei ca. 358 US-Dollar notiert. Darunter habe ich einen Call auf Facebook mit dem Basispreis 370 US-Dollar und der Laufzeit 20. Januar 2023 gelegt. Der letzte Kaufpreis dieses Calls betrug 52,51 US-Dollar pro Aktie. Da Aktienoptionen fast ausschließlich in einem Bezugsverhältnis von 100 Stück pro Optionskontrakt gehandelt werden, müssen Sie den angezeigten Preis mit 100 multiplizieren, so dass Sie dann auf eine Kaufsumme pro Call von 5.251 US-Dollar kommen.

Call-Option auf Facebook: Ein Beispiel

| FB | · 358.58 |
| FB Jan20'23 370 CALL | 52.51 |

Facebook-Aktie und FB-Call, mit Laufzeit 20. Januar 2023, 370 US-Dollar Basispreis.

Als Optionskäufer dieses Calls zahlen Sie in diesem Fall 5.251 US-Dollar für das Recht, bis zum Laufzeitende (Januar 2023) die Facebook-Aktie für 370 US-US-Dollar kaufen zu können. Der Verkäufer (Stillhalter) des Calls nimmt die Gegenseite ein und verdient durch den Verkauf des Calls 5.251 US-Dollar. Allerdings verpflichtet er sich Ihnen gegenüber, die Facebook-Aktie für 370 US-Dollar zu verkaufen, falls Sie als Käufer die Option ausüben.

Ob es zu einer Ausübung der Option kommt, hängt natürlich vom weiteren Preisverlauf der Aktie ab. Nehmen wir an, Facebook steigt bis Januar 2023 auf 450 US-Dollar. In diesem Fall würden Sie als Käufer des Calls selbstverständlich von Ihrem Recht Gebrauch machen, die Aktie für 370 US-Dollar zu kaufen. Immerhin können Sie sie umgehend für 450 US-Dollar am Markt weiterverkaufen. Ihr Gewinn liegt in diesem Fall bei satten 2.749 US-Dollar ((450 \$ – 370 \$) x 100 – 5.251 \$ = 2.749 \$). Handelt Facebook jedoch zum Laufzeitende unter 370 US-Dollar, macht es für Sie als Käufer des Calls keinen Sinn, die Option auszuüben. Sie erhalten die 100 Aktien am Markt günstiger als durch die Optionsausübung zum Kurs von 370 US-Dollar.

Praxisbeispiel 2: Kauf eines Puts auf Facebook

In unserem zweiten Beispiel schauen wir uns einen Put-Kauf auf Facebook an. In diesem Fall habe ich für Sie den Put mit Basispreis 350 US-Dollar und der Laufzeit 20. Januar 2023 ausgewählt. Dieser Kontrakt wurde zuletzt für 49,55 US-Dollar gehandelt. Als Käufer des Puts zahlen Sie somit 4.955 US-Dollar für das Recht, Facebook innerhalb der Optionslaufzeit für 350 US-Dollar an den Stillhalter zu verkaufen. Dieser wiederum nimmt durch den Verkauf des Puts umgehend 4.955 US-Dollar ein, verpflichtet sich jedoch, bei Optionsausübung 100 Facebook-Aktien für jeweils 350 US-Dollar zu kaufen.

Solange Facebook über der Marke von 350 US-Dollar notiert, die sich ca. 2,4% unterhalb des aktuellen FB-Preises (358,67 US-Dollar) befindet, macht der Optionskäufer 4.955 US-Dollar Verlust. Denn der Kontrakt nützt ihm nichts. Fällt Facebook jedoch unter die Marke von 350 US-Dollar, greift für den Käufer die Absicherung. Denn er hat ja das Recht, seine Aktien für 350 US-Dollar an den Verkäufer des Puts zu verkaufen. Dieser muss die Aktien, unabhängig vom Marktpreis, zu diesem Wert abnehmen.

Umgekehrt folgt daraus, dass der Verkäufer der Option 4.955 US-Dollar Gewinn macht, solange die Facebook-Aktie über 350 US-Dollar notiert. Erst wenn die Aktie unter diese Schwelle fällt, wird es für den Verkäufer gefährlich. Denn während der Laufzeit trägt er ab dieser Marke das Risiko jeglicher Kursverluste!

Rechnerisch bedeutet dies etwa: Falls es zu einer Optionsausführung kommt und Facebook beispielsweise zu diesem Zeitpunkt bei 290 US-Dollar steht, beträgt der Verlust des Stillhalters −1.005 US-Dollar (4.995 \$ − (350 \$ -290 \$) x 100 = − 1.005 \$).

Put-Option auf Facebook: Ein Beispiel

FB	358.67
FB Jan20'23 350 PUT	49.55

Facebook-Aktie und Facebook-Put, mit Laufzeit 20. Januar 2023, 350 US-Dollar Basispreis.

Die Verluste des Stillhalters sind also gleichzeitig die Gewinne des Put-Käufers. Dieser macht im obigen Beispiel einen Gewinn in Höhe von 1.005 US-Dollar.

Gewinnchancen und Verlustrisiken von Optionskäufer und Stillhalter

Die Verluste des **Optionskäufers** sind immer auf den Kaufpreis der Option beschränkt, wohingegen die Gewinne – zumindest im Falle einer Call-Option – theoretisch unendlich groß ausfallen können.

Die Gewinne des **Stillhalters** sind hingegen von Vornherein auf den Verkaufspreis der Option beschränkt, wohingegen die Verluste im Falle eines Call-Verkaufs theoretisch unendlich groß ausfallen können.

Aus diesem Grund ist die zu erbringende **Sicherheitsleistung** *(engl. margin)* des Stillhalters wesentlich größer als die des Optionskäufers. Bestimmt fragen Sie sich nun, warum es trotz der beschränkten Gewinnmöglichkeiten und der hohen Verlustrisiken überhaupt Marktteilnehmer gibt, die Optionen schreiben.

Als Anleger können Sie sich durch das Schreiben von Optionen ein nettes Zusatzeinkommen mittels Prämiengenerierung sichern. Insofern man dabei ein paar Dinge beachtet, kann dies sogar relativ leicht verdientes Geld sein.

Komplexe Optionsstrategien und Optionskombinationen

Wenn Sie als Anleger einmal die oben genannten Grundprinzipien zu den Rechten und Pflichten, die sich aus der jeweiligen Position in einem Optionsgeschäft ergeben, verstanden haben, wird es richtig spannend. Denn dann steht Ihnen nämlich die Welt der Optionsstrategien offen. Sie können nun beispielsweise beginnen, Optionen auf Aktienbestände in Ihrem Depot zu schreiben und so Einkommen zu generieren (bei dieser Strategie spricht man von einem **Covered Call**).

Darüber hinaus stehen Ihnen zahlreiche weitere Möglichkeiten offen. Von der Spekulation, dass ein Kurs innerhalb eines bestimmten Korridors nur seitwärts verläuft bis hin zu explosiven Spreads, bei denen schon eine Bewegung von wenigen Prozent im Basiswert ausreicht, um dreistellige Gewinne einzustreichen, ohne jedoch große Einsätze verlieren zu können. All diese Strategien sind jedoch nichts, was man en passant hier einfach abhandeln könnte, sondern erfordern ein eigenes Einlesen und Aufbau von Verständnis, zu dem ich Sie aber an dieser Stelle ausdrücklich ermutigen möchte.

Optionsscheine

Eine kurze Definition

Optionsscheine *(engl. Warrants)* werden üblicherweise von Banken oder anderen Finanzinstituten herausgegeben und räumen dem „Besitzer" ein zeitlich befristetes Recht ein, einen bestimmten Basiswert (Underlying), zu einem vorab festgelegten Preis/Kurs (Basispreis), innerhalb eines bestimmten Bezugsverhältnisses und zu einem bestimmten Zeitpunkt (oder innerhalb eines Zeitrahmens) zu kaufen (Call-Optionsschein) oder zu verkaufen (Put-Optionsschein). Sie haben also die „Option" dieses Recht auszuüben bzw. wahrzunehmen. Der Basiswert eines Optionsscheins kann eine

Aktie, eine Anleihe, ein Index, etc. sein. Somit fällt der Options-schein auch in die Kategorie der Derivate. Mit einem Optionsschein lässt sich gehebelt auf steigende und fallende Kurse setzten.

Dennoch sind Optionen und Optionsscheine unterschiedliche Produkte, wie bereits im vorhergehenden Unterkapitel erläutert. Anbei daher nochmals ein kurzer Überblick über die wesentlichen Gemeinsamkeiten und Unterschiede:

Gemeinsamkeiten:

- Beide fallen unter die Kategorie der Derivate und sind auf die unterschiedlichsten Basiswerte erhältlich
- Beide ermöglichen den Handel mit Hebelwirkung
- Beide sind als Call und als Put erhältlich
- Beide haben einen bestimmten Verfallstermin, aus dem sich die Restlaufzeit ermitteln lässt
- Die „Options-Griechen" (Delta, Theta, Vega, etc.) haben Einfluss auf die Preisbildung
- Beide haben einen „Zeitwert" und einen „Inneren Wert"

Unterschiede:

- Optionen sind standardisierte Produkte, Optionsscheine nicht
- Optionen haben kein Emittentenrisiko, Optionsscheine schon
- Optionsscheine haben wesentlich weniger Kombinations-möglichkeiten als Optionen. Somit sind mit Optionen weit mehr Strategien möglich
- Bei Optionsscheinen ist der Emittent üblicherweise eine Bank/ein Finanzinstitut, bei Optionen nicht zwingend

Wie Sie sehen, haben Optionen und Optionsscheine einige Gemeinsamkeiten, unterscheiden sich aber – trotz des sehr ähnlich klingenden Namens – voneinander.

Geschichte des Optionsscheins

Optionsscheine sind eines der älteren Finanzprodukte und wurden schon bereits 1728 von der „Ostender Kompanie" herausgegeben. Der erste in Deutschland handelbare Optionsschein erschien jedoch erst 1926. Ursprünglich wurden Optionsscheine in Zusammenhang mit einer Optionsanleihe herausgegeben. Da für diese Anleihen oft eine unter dem marktüblichen Satz liegende Verzinsung vorlag, wurde der Optionsschein als zusätzlicher Anreiz beigefügt. So war an die Anleihe noch eine gewisse Anzahl an „Optionsrechten" (Berechtigung, eine gewisse Anzahl an Aktien des Unternehmens zu einem fixen Kurs und in einem bestimmten Zeitraum zu erwerben) gekoppelt.

Für das Unternehmen bestand der Anreiz darin, dass die Verzinsung unter dem marktüblichen Satz lag und beim Ausüben des Optionsscheins neue Aktien geschaffen werden mussten. Dies führte zu einer bedingten Kapitalerhöhung und hatte somit eine neue Liquidität für das Unternehmen zur Folge.

Was jedoch zu Beginn als Finanzierungsinstrument ins Leben gerufen wurde, wird mittlerweile verstärkt als Spekulations- und Absicherungsinstrument verwendet.

Verwendung und Funktionsweise

Mit Optionsscheinen lässt sich auf fallende und auf steigende Kurse gleichermaßen setzen. Um von steigenden Kursen zu profitieren, kaufen Sie einen „Call" und um auf fallende Kurse zu setzen einen „Put". Die Funktionsweise ist ähnlich wie bereits oben im Optionskapitel beschrieben. Es gelten die gleichen Prinzipien und Begrifflichkeiten (Basispreis, Bezugsverhältnis, etc.).

Bevor Sie mit Optionsscheinen oder Optionen loslegen, machen Sie sich bitte mit den „Options-Griechen" vertraut und verstehen Sie, was sich hinter Vega, Delta, Gamma, Theta, etc. verbirgt. Hierbei handelt es sich um wichtige Kennzahlen, mittels derer Sie laufende Optionsgeschäfte sauber überwachen und in ihrem Verhalten verstehen können. In der Tiefe auf diese Faktoren einzugehen, sprengt leider den Rahmen dieses Kapitels, ich lege Ihnen aber ans Herz, sich hier zu informieren.

Optionsscheine in der Praxis

Die meisten Privatanleger verwenden Optionsscheine natürlich, um durch den satten Hebel die Gewinne zu steigern. Da es sich um ein nicht ganz unkompliziertes Finanzinstrument handelt, sollten Sie sich ausführlich mit dem Thema beschäftigen, bevor Sie mit Optionen oder Optionsscheinen loslegen. Es ist absolut wesentlich(!) zu verstehen, welche Faktoren Einfluss auf das Optionsgeschäft haben.

Optionsscheine eigenen sich auch für „kleine" Trading-Konten von unter 5.000 € und können vielfältig eingesetzt werden. Sie bereichern sowohl kurzfristige als auch längerfristige Strategien. Gerade bei einem „Swingtrading" Ansatz, können Optionsscheine die Gewinnchancen nochmal auf das nächste Level heben.

Vorteile von Optionsscheinen

– auf steigende und fallende Kurse setzen
– überproportionale Gewinne durch den Hebel möglich
– auf sehr viele Basiswerte verfügbar

Nachteile von Optionsscheinen

– Emittentenrisiko
– nicht standardisiert
– hohes Risiko
– Komplexität

Zertifikate

Was ist ein Zertifikat?

Auch Zertifikate sind derivative Finanzprodukte und fallen unter die Gattung der „strukturierten Produkte", die sich auf einen Basiswert (Underlying) beziehen. Zertifikate lassen sich auf so gut wie jeden erdenklichen Basiswert kaufen. Von einzelnen Aktien und Aktienkörben, also einer Auswahl von bestimmten Basiswerten, über Rohstoffe bis hin zu Indizes, hier wird so gut wie alles abgedeckt.

Zertifikate sind ganz unterschiedlich konzipiert, sodass Sie als Anleger auch von den verschiedensten Situationen profitieren können. Es gibt Zertifikate für steigende Kurse, fallende Kurse, stagnierende Kurse, etc. Für fast jede mögliche Situation gibt es ein passendes Zertifikat und man kann zwischen sehr aggressiven und auch defensiven Zertifikaten wählen.

Ich möchte Ihnen kurz die wichtigsten Zertifikate-Arten vorstellen, um Ihnen einen Überblick zu verschaffen. Es gibt allerdings mittlerweile so viele Zertifikate, dass es nicht möglich ist, alle zu benennen.

Index-Zertifikate:

Diese Zertifikate bilden die Kurs-Entwicklung von Aktienindizes nach und haben keine Laufzeitbegrenzung (werden deshalb auch als „Open-End-Zertifikat" bezeichnet).

Basket-Zertifikate:

Hier richtet sich die Entwicklung nach einem Korb („Basket") von Basiswerten (z.B. einer Auswahl bestimmter Aktien).

Es gibt sowohl passive Basket-Zertifikate (die Auswahl der Aktien kann nach Ausgabe nicht mehr verändert werden) als auch aktive Basket-Zertifikate (die Auswahl der Aktien ist nach Ausgabe noch veränderbar).

Garantie-Zertifikate:

Diese Gattung hat nur begrenzte Gewinnchancen, ist aber defensiv in der Ausrichtung. Man bekommt die Garantie am Ende der Laufzeit mindestens das eingesetzte Kapital zurückzubekommen (bezieht sich auf Nennbetrag des Zertifikats). Somit haben Garantie-Zertifikate auch eine begrenzte Laufzeit. Von steigenden Kursen im Basiswert kann aber auch nur begrenzt profitiert werden.

Airbag-Zertifikat:

Diese Form ist dem Garantie-Zertifikat ähnlich, beinhaltet aber zusätzlich eine (Preis)Barriere (Untergrenze). Solange der Preis des Basiswertes die Barriere nicht unterschreitet, erhalten Sie als Anleger den Ausgabepreis zurück. Wird die Barriere unterschritten, müssen Sie Abschläge in Kauf nehmen (die jedoch deutlich geringer sind, als bei einem Investment direkt in den Basiswert). Von steigenden Kursen im Basiswert kann aber natürlich profitiert werden (je nach Zertifikat – begrenzt oder unbegrenzt).

Bonus-Zertifikat:

Mit diesem Zertifikat profitieren Anleger von steigenden Kursen, sich seitwärts bewegenden Kursen oder nur leicht fallenden Kursen. Das Bonuszertifikat hat eine Barriere, ein Bonuslevel und ist zeitlich begrenzt. Wenn am Laufzeitende die Barriere nicht erreicht bzw. unterschritten wurde, erhält man den Bonus.

Von Kursanstiegen kann profitiert werden. Sollte der Preis des Basiswertes allerdings unter die Barriere fallen, müssen Sie als Anleger Verluste in Kauf nehmen.

Discount-Zertifikat:

Wie der Name schon sagt, bekommen Sie hier einen „discount" im Verhältnis zum Preis des Basiswertes. Der Kaufkurs liegt also unter dem Kurs des Underlyings. Ein Discount-Zertifikat hat eine begrenzte Laufzeit und mögliche Kursgewinne sind begrenzt.

Faktor-Zertifikat:

Diese Gattung der Zertifikate ist eher für den risikofreudigen Anleger gedacht. Es gibt keine Laufzeitbegrenzung und die Bewegung des Basiswertes wird mit einem Hebel nachgebildet. Somit haben Sie hier die Möglichkeit, überproportional zu gewinnen (aber auch zu verlieren).

Wie Sie sehen, gibt es für jeden Geschmack und jedes Risikolevel passende Zertifikate und Sie können mit diesem Instrument eine Vielzahl von Investmentideen umsetzen.

Geschichte des Zertifikate-Handels

Zertifikate sind ein ziemlich „junges" Finanzprodukt und erst Anfang der 1990er Jahre entstanden. Besonders in Deutschland sind Zertifikate äußerst beliebt und haben sich hierzulande in der kurzen Zeit seit ihrer Erfindung zu einem der gängigsten Investmentvehikel etablieren können.

Verwendung und Funktionsweise

Zertifikate können entweder über die Börse oder direkt beim Emittenten erworben werden. Bevor Sie ein Zertifikat kaufen, müssen Sie sich genau überlegen, auf welches Szenario Sie setzen wollen und mit welcher Zertifikate-Gattung das am besten funktionieren wird. Sie können gehebelt auf steigende Kurse setzten, sich absichern oder von Seitwärts-Phasen profitieren. Entscheidend ist, sich das „richtige" Zertifikat für die Situation zu suchen.

Aufgrund der schieren Vielzahl an Möglichkeiten ist es besonders wichtig, sich eingehend zu informieren und gewissenhaft zu analysieren. Für den disziplinierten Investor bieten Zertifikate aber eine ausgezeichnete Möglichkeit.

Ein Beispiel:

Ihre Analysen haben ergeben, dass die „X"-Aktie kurz vor einem Ausbruch steht. Sie erwarten einen starken Kursanstieg und wollen überproportional von der Bewegung profitieren.

Sie entscheiden sich daher gegen ein direktes Investment in die „X"-Aktie und wollen stattdessen mit einem Hebel arbeiten. Für diesen Zweck kaufen Sie ein Faktor-Zertifikat auf die „X"-Aktie mit dem Faktor 4 (das bedeutet: Ihr Zertifikat gewinnt 4%, wenn der Kurs der „X"-Aktie um 1% steigt).

Nehmen wir an, der Kurs des Basiswertes („X"-Aktie) lag beim Kauf bei 100 € und steigt nun auf 120 €. Bei einem direkten Investment in die Aktie, hätten Sie 20% Gewinn. Mit Ihrem Faktor-Zertifikat, haben Sie einen satten Gewinn von 4x20%=80% eingefahren.

Ein weiteres Beispiel:

Nach eingehender Analyse sind Sie zu dem Entschluss gekommen, dass die Kurse der „Y"-Aktie, die aktuell bei 100 € liegen, steigen werden. Schlimmstenfalls gehen Sie von einer Seitwärtsbewegung aus.

Um von der Situation zu profitieren, entscheiden Sie sich für ein Bonuszertifikat auf die „Y"-Aktie. Dieses Zertifikat hat nun eine Barriere, ein Bonus-Level und ist zeitlich begrenzt.

Wir nehmen an, dass die Fälligkeit des Zertifikats 2 Monate in der Zukunft liegt, die Barriere 10 € unterhalb dem aktuellen Kurs und unser Bonuslevel 10 € über dem aktuellen Kurs liegt.

Szenario 1: der Aktienkurs steigt bis zur Fälligkeit auf 130 € und damit über das Bonus-Level → Sie bekommen den Kurs der „Y"-Aktie am Stichtag ausbezahlt.

Szenario 2: Der Kurs bleibt oberhalb der Barriere und unterhalb des Bonus-Levels → Sie bekommen den „Bonus" ausbezahlt.

Szenario 3: Sie haben sich getäuscht und wider Erwarten ist der Aktienkurs unter die Barriere gefallen → Sie bekommen den Kurs der „Y"-Aktie am Stichtag ausbezahlt und müssen so einen Verlust hinnehmen.

Kosten, die anfallen

Die Kostenstruktur von Zertifikaten kann sich stark unterscheiden und hier ist es besonders wichtig, sich eingehend zu informieren, denn die Unterschiede können immens sein. Je nach Zertifikate-Art, Emittent, etc. können sich die Kosten stark unterscheiden (Ordergebühren, Ausgabeaufschläge, Geld-Brief-Spanne, teilweise Managementgebühren, Provisionen, etc.).

Außerdem besteht bei Zertifikaten ein Emittentenrisiko, da es sich rechtlich gesehen um eine Art „Anleihe" handelt. Sollte das herausgebende Finanzinstitut also zahlungsunfähig werden, droht im extremsten Fall der Totalverlust.

In der Praxis

Wie Sie bereits gesehen haben, können Sie mit Zertifikaten von unterschiedlichen Szenarien profitieren.

Langfristige Investmentstrategien und auch kurzfristige Strategien lassen sich gleichermaßen mit dem jeweils passenden Zertifikat verfolgen. Auch für unterschiedliche Risikostufen, gibt es im Universum der Zertifikate, für jeden Geschmack das passende Werkzeug.

Da Zertifikate sehr vielfältig sind, lassen sie sich nicht auf eine bestimmte Strategie beschränken.

Bei einem Investment in Zertifikate muss meist nur ein Bruchteil der Kosten des Basiswertes, auf den sie sich beziehen, eingesetzt werden. Auch mit relativ kleinen Konten von unter 5.000 € lassen sich so eine Vielzahl an Strategien mit dieser Produktgattung umsetzen.

Im Gegensatz zu einem Investment in einen Basiswert (z.B. eine Aktie), muss man bei Zertifikaten von vorneherein auf ganz bestimmte Szenarien setzen. Wenn Sie eine Aktie kaufen, dann ist das Prinzip einfach. Sie verlieren, wenn der Kurs unter Ihren Einkaufspreis fällt und gewinnen, wenn der Kurs über den Einkaufspreis steigt. Investieren Sie in Zertifikate, müssen Sie nicht nur überlegen „auf welches Pferd" Sie setzen wollen, sprich: auf welche Aktie (oder anderen Basiswert), sondern auch wie (mit oder ohne Hebel, mit oder ohne Sicherheit, etc.).

Wenn Sie eine Aktie kaufen und diese steigt um 20%, dann haben Sie 20% auf Ihr eingesetztes Kapital Rendite. Wenn Sie ein zu „sicheres" Zertifikat wählen, kann Ihre Rendite natürlich deutlich niedriger (bei gleicher Bewegung des Basiswertes) ausfallen. Es ist bei Zertifikaten besonders entscheidend, genau das richtige Werkzeug für die entsprechende Situation zu wählen. Mit ein bisschen Übung findet man sich aber schnell zurecht und es stehen einem sehr viele Möglichkeiten offen.

Vorteile:

- für jede Risikostufe das passende Werkzeug
  - → hohe Hebel/hohes Risiko möglich
  - → hohe Sicherheit/geringes Risiko möglich
- für jede Investmentstrategie passende Produkte
- auf fallende und steigende Kurse setzen, aber auch von Seitwärtsbewegungen profitieren

Nachteile:

- teilweise komplexe und intransparente Kostenstrukturen
- hohe Verluste möglich (mit gehebelten Papieren)
- Emittentenrisiko

K.O.-Scheine

Eine kurze Definition

Ein K.O.-Schein (Knock-Out-Schein) auch „Turbo" genannt, ist eine bestimmte Form des Hebel-Zertifikats und dem Optionsschein sehr ähnlich.

Mit einem K.O.-Schein können Sie gehebelt auf steigende Kurse (Turbo-Bull) oder gehebelt auf fallende Kurse (Turbo-Bear) setzen. Wenn sich die Kurse in „Ihre Richtung" bewegen, gewinnen Sie dank dem Hebel überproportional. Natürlich liegt auch einem „Turbo" ein Basiswert (z.B. ein Aktienindex, ein Rohstoff, eine Aktie, etc.) zugrunde.

Im Gegensatz zu einem Optionsschein, spielt bei der Preisbildung der „Turbos" die Volatilität aber keine oder nur eine geringe Rolle. Das K.O. steht für die „Knock-Out-Schwelle". Wenn diese Schwelle erreicht wird, verfällt der Schein. Je nach Ausgestaltung verlieren Sie dann Ihren Einsatz (Schein verfällt wertlos) oder nur ein bestimmter Restwert wird noch zurückgezahlt. Wie viel Sie in dieser Situation verlieren, variiert von Schein zu Schein und Sie sollten sich darüber vor jedem Trade eingehend informieren.

Ein weiterer Unterschied zu einem Optionsschein ist der geringere (oder fehlende) Zeitwert.

Geschichte der K.O.-Scheine

Dieses Finanzinstrument ist erst einige Jahre alt und wurde erstmals im Jahr 2001 emittiert. In dieser kurzen Zeitspanne sind „Turbos" aber – gerade in Deutschland – so populär geworden, dass die Umsätze heute sogar größer sind, als die Umsätze in Optionsscheinen. In wenigen Jahren konnten die „Turbos" sich als eines der beliebtesten Finanzprodukte etablieren.

Verwendung und Funktionsweise

Mit K.O.-Scheinen lassen sich unterschiedliche Ziele verfolgen.

Von fallenden oder steigenden Kursen zu profitieren, geht mit dem entsprechenden „Turbo" gleichermaßen. Der K.O.-Schein kann aber auch verwendet werden, um Positionen, die in einem Basiswert gehalten werden, abzusichern.

Ein Beispiel:

Unsere Analyse hat ergeben, dass die Kurse der „X"-Aktie in den kommenden Wochen stark steigen sollten. Wir wollen das Maximum aus der antizipierten Bewegung holen und entscheiden uns für einen „Turbo-Bull" als passendes Werkzeug. Nehmen wir an, der Kurs der Aktie steht bei 100 €. Je nachdem, zu welchem Basispreis der Schein notiert, wo die Knock-Out-Schwelle liegt, wie lange die Restlaufzeit noch ist und welches Bezugsverhältnis der Schein hat, ändern sich Hebel und Verhalten. Für unser Beispiel wollen wir es aber einfach halten. Wenn die Kurse der Aktie tatsächlich steigen, dann werden Sie überproportional profitieren, weil Sie für Ihren Turbo-Bull deutlich weniger Kapital aufbringen mussten, als es für ein direktes Investment in die Aktie der Fall gewesen wäre.

Wenn in unserem Beispiel die Laufzeit noch 3 Monate wären und die Knock-Out-Schwelle bei 90 € liegt, dann würde der Schein wertlos verfallen, wenn in diesem Zeitraum der Kurs bis auf/ unter 90 € fällt. Steigen die Kurse allerdings wie antizipiert, dann gewinnen Sie auf Ihr eingesetztes Kapital deutlich mehr, als es bei einem Kauf des Basiswerts der Fall gewesen wäre.

Ein weiteres Beispiel:

In diesem Beispiel verwenden wir einen K.O.-Schein zur Absicherung. Wir nehmen an, wir haben den Großteil unseres Depots in Blue-Chip Werte (=umsatzstarke Aktien großer Unternehmen) investiert und über die letzten Monate konnten wir von ansteigenden Kursen profitieren. Nun wächst allerdings unsere Angst vor einer Marktkorrektur. Unsere Aktien wollen wir noch behalten, weil Dividendenzahlungen anstehen, die wir gerne noch mitnehmen würden. Gegen mögliche Kursverluste möchten wir uns aber natürlich absichern. Ein „Turbo-Bear" bietet uns hier eine interessante Möglichkeit.

Durch den Hebel benötigen wir nur einen vergleichsweise sehr geringen Kapitaleinsatz, um unsere „Haupt"-Positionen abzusichern. Dies ist besonders dann ein Vorteil, wenn ein Großteil unserer Barmittel bereits investiert ist. Wir können nun einen K.O.-Schein kaufen, der von fallenden Kursen profitiert – und zwar mit Hebel. Hier wäre ein Schein auf einen Haupt-Index sinnvoll. So gewinnen wir mit unserem Schein, sollten unsere anderen Depotwerte von einer Marktkorrektur betroffen werden - wir kaufen uns quasi eine Versicherung. Wenn die Kurse weiter steigen, dann gewinnen wir mit unseren Aktienpositionen und zahlen eine „Versicherungsprämie" (was wir mit dem K.O.-Schein verlieren). Wenn die Kurse fallen, gewinnt unser Schein und gleicht unsere Verluste in den Aktienpositionen aus.

Mögliche anfallende Kosten

Die Kostenstruktur ist denen der anderen Zertifikate sehr ähnlich (siehe „Zertifikate").

K.O.-Scheine in der Praxis: Tipps & Hinweise

Durch den geringen Kapitaleinsatz, der nötig ist, können Sie schon mit recht kleinen Konten von diesem Instrument profitieren (Depotgröße unter 5.000 €).

Durch den teilweise sehr hohen Hebel, muss aber die Vorsicht und Risikokontrolle unbedingt im Vordergrund stehen. K.O.-Scheine können aber auch für Absicherungszwecke verwendet werden und müssen nicht zwangsläufig spekulativ eingesetzt werden.

Vorteile:

- hohe Hebel möglich (hohe Gewinne möglich)
- dem Optionsschein ähnlich, aber geringer betroffen bei Veränderung der impliziten Volatilität
- auf fallende und steigende Kurse setzen
- vielseitig einsetzbar (spekulativ oder zur Absicherung)

Nachteile:

- hohes Risiko durch hohen Hebel
- nur in bestimmten Marktphasen sinnvoll
- Emittentenrisiko: Insolvenz des Emittenten führt zum Totalverlust

„Exkurs Leerverkäufe"

Ich möchte Ihnen abschließend noch kurz erläutern, was sich hinter dem Begriff „Leerverkauf" verbirgt.

Unter einem „Leerverkauf" versteht man den Verkauf von einem Basiswert, den man nicht besitzt. Man „leiht" ihn sich quasi, um ihn dann zu verkaufen und -hoffentlich- zu einem späteren Zeitpunkt günstiger zurückzukaufen. Die Differenz zwischen dem Preis, zu dem Sie verkauft haben und dem Preis, zu dem Sie zurückgekauft haben, ist dann der Gewinn abzüglich der Gebühren für den Broker für das Leihgeschäft.

Wir wollen das Prinzip am Beispiel einer Aktie genauer betrachten. Nehmen wir an, Ihre Analyse hat ergeben, dass die „X"-Aktie stark überbewertet ist. Die Produkte des Unternehmens werden immer weniger nachgefragt und die Gewinne und Umsätze brechen ein. Sie rechnen mit fallenden Kursen und würden gerne davon profitieren. Sie entscheiden sich „short" zu gehen und die Aktie „leer zu verkaufen".

Nehmen wir an, der Kurs der „X"-Aktie steht bei 100 €. Sie „leihen" sich von Ihrem Broker die „X"-Aktie und verkaufen diese zu 100 € je Stück. Sie hatten mit Ihrer Einschätzung recht und der Preis der Aktie fällt in den kommenden Wochen um 40 € auf einen Kurs von 60 €. Sie glauben nicht, dass der Kurs nun weiter fallen wird und wollen Ihren Gewinn sicher. Dazu kaufen Sie die „X"-Aktie für den aktuellen Kurs von 60 € und „geben sie Ihrem Broker zurück". Die Differenz (100 € - 60 € = 40 €) ist Ihr Gewinn. Sie haben die Aktie teuer verkauft und günstig zurückgekauft.

In der Praxis müssen Sie hier natürlich nur „sell" bzw. „verkaufen" in Ihrer Brokermaske auswählen, um einen Leerverkauf zu tätigen (vorausgesetzt, Sie haben das Papier nicht bereits im Depot, dann würden Sie natürlich die Aktien verkaufen, die Sie haben und damit Ihre Position einfach schließen).

Theoretisch kann der Verlust bei einem Leerverkauf „unendlich" sein. Sollte die Aktie nämlich nicht fallen, sondern steigen, dann ist der Differenzbetrag (Differenz zwischen dem Preis, zu dem Sie verkauft haben und dem Preis, zu dem Sie zurückkaufen) Ihr Verlust. Wenn Sie bei einem Kurs von 100 € verkauft haben und Sie lagen mit Ihrer Annahme falsch, dass die Kurse fallen werden, so kann die Aktie in der Theorie unendlich steigen. Fallen kann sie jedoch nur auf „0".

Sollten Sie das „Leerverkaufen" in Ihr Repertoire aufnehmen, dann ist es besonders wichtig Ihre Verluste zu begrenzen.

Wie Sie sehen, gibt es unzählige Finanzinstrumente und Möglichkeiten von Kursschwankungen an den Börsen zu profitieren. Für den aktiven Day-Trader, der mehrmals am Tag Positionen eröffnet und schließt und von den kurzfristigen Schwankungen profitiert, bis hin zum langfristigen Investor, der auf Unternehmen und Trends setzt, gibt es für alles das passende Instrument. Auch für den „kleinen" und den „großen" Geldbeutel gibt es jeweils die geeigneten Produkte.

Entscheidend ist, dass Sie für Ihre Ziele, Ihre Strategie und Ihre finanzielle Situation das „richtige" Werkzeug identifizieren.

Ob Sie sich für ein Investment in einen Basiswert entscheiden und direkt z.B. eine Aktie kaufen, oder ob Sie sich dafür entscheiden, mit einem Hebel-Derivat zu arbeiten, am Anfang steht immer die Analyse. Ohne eine gewissenhafte Analyse können Sie keine fundierte Entscheidung treffen und überlassen so Ihre Finanzen dem Zufall.

Auch bei ausgefallenen und raffinierten Finanzprodukten muss auf eine bestimmte Richtung oder ein ganz bestimmtes Szenario gesetzt werden, um profitabel zu sein. Hier wird Raten, ein Bauchgefühl oder der „heiße Tipp" von einem Kollegen oder Freund nie zum dauerhaften Erfolg führen. Sie müssen „Ihre Hausaufgaben machen" oder einen Börsenprofi an Ihrer Seite wissen.

Sehen Sie die Vielzahl an Finanzprodukten als Werkzeuge, die es Ihnen ermöglichen, die Ergebnisse Ihrer Analysen und die daraus abgeleiteten Investmentideen immer passend umzusetzen. Denn letztlich drücken Sie mit jedem Investment oder Trade Ihre Sicht auf die Zukunft der Märkte aus.

Anschaulich gesprochen ist dies ein wenig so, als ob Sie sich einen Maßanzug oder ein maßangefertigtes Kleid kaufen möchten. Sie benötigen zuerst einmal eine fähige Person vom Fach, die Ihre Wünsche versteht und erfolgreich versteht umzusetzen. Dazu müssen Sie in das richtige Geschäft gehen und die richtige Person finden, die Sie beauftragen möchten.

Haben Sie hier Ihre Hausaufgaben gemacht, können Sie sich jetzt überlegen, wie Sie Ihren geplanten Kauf bestmöglich in Szene setzen (Farbe, Wahl des Stoffes, Accessoires, etc.).

Bedenken Sie jedoch bitte: Der beste Stoff und die beste Farbe nützen Ihnen nichts, wenn die Person, die Ihnen einen Anzug anfertigen soll, nicht in der Lage ist, die einfachsten Schnitte ordentlich durchzuführen!

Mit anderen Worten, in Ihrem ureigensten Interesse, verletzten Sie beim Trading bitte nie die folgende Reihenfolge: Erst die korrekte und saubere Analyse, dann das Trading-Instrument.

Halten Sie sich hingegen konsequent hieran, eliminieren Sie mit einem Schlag einen großen Teil der teuren Fehler, welche viele Anfänger immer wieder machen (da sie sich zu sehr auf die Handelsinstrumente alleine fokussieren und nicht auf ihre Analysen).

„" Liebe Leserin, lieber Leser,

ganz einfach. Wir traden. Wir kaufen und verkaufen. Aber was? Es gibt an der Börse eine Vielzahl von Papieren. Gängige Finanzinstrumente sind zum Beispiel: Aktien, Zertifikate, Optionsscheine, Optionen, CFDs und viele mehr. Diese und etliche mehr hat Ihnen Herr Lang gerade vorgestellt.

Im Laufe der Zeit spezialisieren sich fast alle Trader auf wenige Finanzinstrumente oder gar ein Finanzinstrument. Der eine handelt mit Optionen, die andere mit Zertifikaten und der dritte nur mit Aktien. Basiswerte der Hebelpapiere sind beispielsweise Aktien, Indizes, Rohstoffe (Gold, Silber, Öl) oder Währungen und so weiter.

Ein besser oder schlechter, das für jeden Trader gilt, das gibt es nicht. Herr Lang nennt allerdings Optionen die Champions League der Finanzinstrumente. Dem schließe ich mich uneingeschränkt an.

Probieren Sie einfach aus, was Ihnen zusagt. Eine erste Weiche stellen Sie schon, wenn Sie festlegen, mit wie viel Geld Sie am Markt handeln wollen. Hebelpapiere können Sie mit vergleichsweise kleinem Geld handeln. Wenn Sie Aktien direkt traden, benötigen Sie ein etwas dickeres Portemonnaie. Eine kleine Übersicht der vorgestellten Finanzinstrumente habe ich Ihnen zusammengestellt:

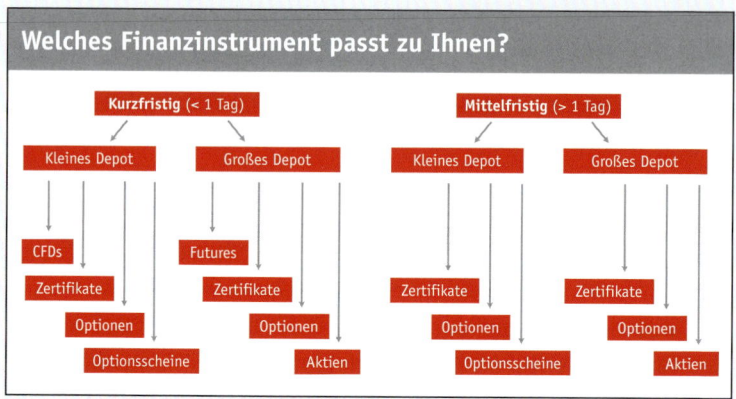

*Um Ihnen konkrete Zahlen an die Hand zu geben. Als ein „kleines Depot"
definieren wir eine Depotgröße von kleiner als 5.000 €, wobei ein „großes
Depot" einer Depotgröße von über 10.000 € entspricht. Nach oben sind nämlich keine Grenzen gesetzt. Wenn Sie Aktien direkt traden, sind 10.000 €
auch das absolute Minimum. Es dürfen gerne 20.000 € und mehr sein.*

In dieser Übersicht sehen Sie die Papiere, die sich perfekt zum
Traden eignen. Aktien, Futures und gehebelte Papiere. Je nach
Größe Ihre Depots können Sie natürlich auch kurz- und mittelfristig mit Aktien handeln. Wir kennen viele Trader, die auch
Daytrading mit Aktien machen und sehr erfolgreich sind. Um
attraktive Gewinne zu erzielen, sollte ihr Depot dann aber
mindestens 5-stellig, gerne auch größer sein.

Allen Papieren gemeinsam ist, dass Sie vorher festlegen müssen, was Sie kaufen. Das Tool „Aktienscreener", das Herr Lang
vorgestellt hat, ist eine fantastische Möglichkeit, Aktien zum
Direkthandel oder diese als Basiswerte für Hebelpapiere zu
recherchieren und zu analysieren. Das empfehle ich Ihnen aus
Überzeugung.

Vorsicht Leerverkauf:

Ein Wort zu den Leerverkäufen. Herr Lang hat hier richtigerweise auf die Risiken aufmerksam gemacht. Das ist keine Theorie, sondern hat in der Praxis schon Leben ruiniert. Ein Beispiel:

Im Jahr 2008 kostete eine VW-Aktie um die 200 €. Viele Anleger sahen den Kurs als überteuert an. Sie verkauften die Aktie zu beispielsweise 200 € leer. Dafür haben Sie sich diese Papiere beim Broker geliehen. Sie wollten die Aktie dann vielleicht zu 180 € oder 150 € zurückkaufen, dem Broker geben und die Leihe mit Gewinn (Verkauf zu 200, Kauf zu 150 = 50 Gewinn, abzüglich der Gebühren für die Leihe) beenden. Wie Sie vielleicht wissen, schoss der Aktienkurs auf über 1.000 €. Wer da vielleicht 100 Aktien zu 200 € verkauft hatte, lag jetzt mit 800 € je Aktie, entsprechend 80.000 € im Verlust. Da die Broker dann Nachschuss (Bargeldeinzahlung) verlangten und dieses teilweise nicht möglich war, führte es zu Pleiten und Dramen. Ich empfehle Ihnen von diesen Geschäften Abstand zu nehmen, zumindest bis Sie richtig fit an der Börse sind.

„Fit an der Börse", ein gutes Stichwort. Wie werde ich das beziehungsweise welche Hilfsmittel bekomme ich an die Hand?

Dazu weiter Herr Lang.

Ihre

Laura Walterscheid
Laura Walterscheid

Felix Lang

ZUSATZ: TOOLS FÜR IHREN TRADINGERFOLG

Zunächst einmal möchten wir Sie herzlich beglückwünschen. Sie haben in den vorangehenden Kapiteln eine ganze Menge an Theorie über die verschiedensten Handelsinstrumente gelernt.

Theoretische Überlegungen machen jedoch niemanden reich. Was letztlich zählt ist die erfolgreiche praktische Umsetzung. Und genau hier wird es jetzt richtig spannend! Kurz und knapp daher die wichtigsten Erfolgsfaktoren, auf die Sie achten müssen:

Auf diese 3 Faktoren müssen Sie bei der optimalen Umsetzung Ihrer Trades achten!

Faktor 1: Ihr persönlicher Handelsstil

Wenn Sie die Kapitel dieses Buches aufmerksam durchgearbeitet haben, dann dürften Sie mit großer Wahrscheinlichkeit bereits eine ungefähre (wenn nicht gar sogar sehr genaue) Idee Ihres bevorzugten persönlichen Handelsstils haben. Dies ist nicht nur wichtig, um emotional ausgeglichen an den Märkten arbeiten zu können, denn Sie müssen Ihre Entscheidungen später ja auch in der Praxis leben und durchhalten. Sondern hier spielen auch rein praktische Überlegungen eine Rolle, wenn Sie etwa die meiste Zeit des Tages einer Erwerbstätigkeit nachgehen oder Ihr eigenes Unternehmen betreiben. Kurz und knapp: Ihr Handeln muss psychologisch zu Ihnen passen, aber auch zur Praxis Ihrer Lebenssituation.

Genau daher ist es wichtig, dass Sie sich zunächst klarmachen, wie Sie handeln und welchem Regelwerk Sie folgen möchten. Sind Sie

Daytrader? Sehen Sie sich eher im Bereich Swingtrading? Oder möchten Sie Werte sogar mehrere Wochen halten und sowohl langfristig investieren als auch kurzfristig traden? Also eine Art hybriden Investor-Trader-Ansatz praktizieren? Viele Wege führen hier nach dem sprichwörtlichen Rom. Wichtig ist nur, dass Sie sich absolut im Klaren sind, wie Sie handeln möchten und dies auch konsequent. Nicht nur hängt davon ein Großteil Ihres persönlichen Erfolges an den Märkten ab (denn nur wer klaren Regeln folgt, kann diese auch sukzessiv verbessern). Sondern nur so haben Sie auch die reale Chance, einen Broker zu wählen, der von seinem Gebühren- und Produktmodell optimal zu Ihnen passt. Denn schnell ist hier bei der falschen Wahl unnötig Geld in den Sand gesetzt. Und das nicht nur einmal, sondern mit jedem Trade. Das lässt sich auch schnell an Zahlen veranschaulichen. Nehmen wir hierzu einmal zwei fiktive Broker A und B mit unterschiedlichen Kostenstrukturen:

Broker A: Grundgebühr von 10 Euro pro Monat, 1 Euro pro Transaktion
Broker B: Keine Grundgebühr, 10 Euro pro Transaktion

Stellen Sie sich nun vor, Sie führen im Jahr 100 Transaktionen durch. Bei Broker A sind Sie 110 Euro los, bei Broker B bereits 1.000 Euro. Das sind bereits 900 Euro Differenz rein an Gebühren bei nur 50 Trades (ein Trade besteht aus Kauf- und Verkauf, also 2 Transaktionen). Überlegen Sie sich dies nun einmal bei 200 oder gar 300 Transaktionen pro Jahr. Wir sprechen hier über die Jahre von tausenden von Euro!

Sind Sie hingegen kein aktiver Trader, sondern Investor und führen hingegen 4 Transaktionen aus, macht natürlich Broker B mehr Sinn, denn hier wären Sie mit 40 Euro dabei. Bei Broker A hingegen mit 124 Euro. Es lohnt sich also durchaus genau hinzusehen!

Faktor 2: Brokerwahl

Ohne Broker ist natürlich kein Handel an der Börse möglich. Und ein guter Broker ist auch nicht Ihr „Feind", sondern Ihr Partner, der Ihnen im Idealfall genau das bietet, was Sie benötigen. Und das zu einem angemessenen und fairen Preis.

Viele Einsteiger an den Märkten fragen sich oft, wie sie den für sich optimalen Broker finden. Aus der Erfahrung heraus haben sich dabei die folgenden Leitfragen bewährt, um den für sich perfekten Broker zu finden:

1. Welche **Kosten** fallen bei dem jeweiligen Broker für Sie an?
2. Welche **Handelsmöglichkeiten** bietet Ihnen Ihr Broker?
3. Welche **Einlagensicherung** besteht für Ihr eingezahltes Geld?
4. Wie wichtig ist Ihnen **Kundenservice** und was bietet Ihr Broker hier an Möglichkeiten?

Generell lässt sich festhalten, dass sich Broker in puncto Kosten meist je nach Zielgruppe unterscheiden, die sie ansprechen. Hierbei kommen verschiedene Gebührenmodelle zum Einsatz und maßgeblich ist dabei in der Regel, wie aktiv Sie handeln möchten. Die geringsten Gebühren pro Trade finden Sie in der Regel bei Brokern, die sich an aktivere Händler und Semi-Profis/Vollprofis richten.

Sehr gute Anlaufstellen hierfür sind beispielsweise (aber natürlich nicht ausschließlich) Interactive Brokers, Agora, CapTrader oder Lynx. Diese bieten Ihnen Zugang zu allen globalen Märkten, allen erdenklichen Anlageklassen und auch allen wichtigen Handelsinstrumenten. Hier gibt es wirklich so gut wie nichts, was Sie nicht handeln könnten: Von Aktien, Anleihen, Devisenkontrakten, Optionen, bis hin zu Futures ist hier alles möglich.

Interactive Brokers (kurz: IB) bietet dabei eine der besten und führenden Handelsplattformen an und ist mit Abstand der günstigste Broker der hier genannten Unternehmen. Einziges „Manko" für den ein oder anderen Anleger: Der Kundenservice und die Handelsplattform bei IB sind primär auf Englisch. Auf Deutsch stehen nur eingeschränkte Möglichkeiten zur Verfügung. Dies sagt erfahrungsgemäß nicht immer jedem Anleger in vollem Maße zu.

Eine Möglichkeit, dies zu umgehen und trotzdem mit der Plattform von IB zu arbeiten bieten sogenannte IB White Label Broker. Diese nutzen ebenfalls die identische Technologie von IB und wickeln dort auch ihre Trades ab. Allerdings haben sie ein insgesamt etwas Support- und „deutschfreundlicheres" Produkt, insbesondere was den Kundendienst angeht. Das führt allerdings auch dazu, dass Sie bei IB White Label Brokern die IB Gebühren zzgl. eines Aufschlags durch den White Label Broker zahlen. Alle Serviceleistungen dort sind also etwas teurer. Beispiele für derartige IB White Label Broker sind die oben genannten Agora, CapTrader oder Lynx.

In allen Fällen gemeinsam ist jedoch, dass Ihr Geld in Irland landen wird, denn dort hat Interactive Brokers in Europa seinen Hauptsitz. Dementsprechend gelten auch in Fragen der Einlagensicherung das dortige Recht bzw. die jeweiligen Sicherungsmechanismen. Auch hat eine Nutzung der besagten Broker steuerliche Auswirkungen, denn hier wird nicht direkt die Abgeltungssteuer bei jedem Trade abgezogen, sondern Sie können das ganze Jahr über mit dem Geld arbeiten, mehr verdienen, und erst am Jahresende Ihre Steuererklärung entsprechend einreichen. Das kann gerade für aktive Trader ein nicht zu unterschätzender finanzieller Vorteil sein, auch wenn es bei der Steuererklärung etwas mehr Aufwand erfordert.

Ein Nachteil an den oben genannten Brokern ist jedoch, dass diese schnell unwirtschaftlich werden können, wenn Sie nur sehr gelegentlich handeln. Kursdatengebühren und Inaktivitätsgebühren können hier schnell Ihr Kapital schmälern. Handeln Sie jedoch aktiver, bieten Ihnen die Broker kaum schlagbare Konditionen unter dem Strich.

Sollten Sie hingegen nur gelegentlich handeln und lieber bei einem in Deutschland ansässigen Broker tätig werden wollen, so empfehlen wir Ihnen einen Vergleich der gängigen Onlinebroker hierzulande (Comdirect, Diba, Consorsbank, Flatex, etc.). Diese bieten in der Regel zwar höhere Transaktionskosten und bei weitem nicht den gleichen Zugang zu allen Märkten wie Interactive Brokers und seine White Label Lösungen. Allerdings sind die Benutzeroberfläche und das Gesamtprodukt der dort gebotenen Handelslösungen gerade für Einsteiger zunächst ein ganzes Stück überschaubarer.

Mein Tipp daher: Nehmen Sie sich einfach ein wenig Zeit und überlegen Sie sich gut, wie Sie handeln möchten. Dann vergleichen Sie einmal die Gebührenmodelle und schauen Sie, was für Sie am meisten Sinn macht. Wenn sie häufiger handeln, dürften Sie an Interactive Brokers und seiner extrem niedrigen Gebührenstruktur jedoch wahrscheinlich kaum vorbeikommen.

Liebe Leserin, lieber Leser,

wie Herr Lang bereits sagte, benötigen Sie einen Broker und einen Zugang zu den Börsen.

Dabei stellt Ihnen der Broker mit seiner Handelsmaske den Zugang zu den Börsen zur Verfügung. Herr Lang erwähnte dabei schon einige Namen von Brokern. Damit Sie den für Sie richtigen Broker finden sehen Sie auf der folgenden Seite noch eine tabellarische Übersicht empfehlenswerter Broker.

Diese Übersicht ist nicht vollständig. Es hat sich aber gezeigt, dass die meisten erfolgreichen Trader mit diesen Brokern arbeiten.

Danach übergebe ich aber wieder an Herrn Lang und es geht weiter mit Faktor 3, auf den Sie bei der optimalen Umsetzung Ihres Trades achten müssen.

Ihre

Laura Walterscheid
Laura Walterscheid

Schnellübersicht für Ihre Brokerwahl

Broker (alphabetisch geordnet)	Gebühren	Internet-Handel	Handel per Telefon	deutsch-sprachig	Handel an den US-Börsen	Handel in Deutsch-land (Eurex)
ADiF Brokerage	sehr günstig	ja	ja	ja, beim Telefon-handel	ja	ja
Agora direct	sehr günstig	ja	nein	ja	ja	ja
Bank, Hausbank oder Sparkasse	vom Einzelfall abhängig		ja	ja	vom Einzel-fall abhängig	ja
	Bei heimischen Geldinstituten sollten Sie die Gebühren individuell erfragen. Wichtig ist ebenfalls, welche Voraussetzungen für den Optionen-Handel von Ihnen verlangt werden. Eine allgemeingültige Aussage lässt sich, wegen der oft sehr unterschiedlichen Handhabungen der Kreditinstitute, nicht treffen.					
BANX Brokerage	sehr günstig	ja	nein	ja	ja	ja
Cap Trader	sehr günstig	ja	nein	ja	ja	ja
comdirect bank AG	mittlere Gebühren	nein	nur Handel über Telefon	ja	nein	ja
Consorsbank	mittlere Gebühren	ja	ja, aber mit deutlichem Aufpreis	ja	nein	ja
FXFlat	sehr günstig	ja	nein	ja	ja	ja
Interactive Brokers	günstigste Gebühren der hier vorgestellten Broker	ja, hier nur Inter-net	nein	nein	ja	ja
Lynx Broker	sehr günstig, Rabatt für Vieltrader	ja	ja	ja, beim Telefon-Handel	ja	ja
meintrade.ch	sehr günstig	ja	ja	ja, beim Telefon-Handel	ja	ja
Onvista Bank	mittlere Gebühren	ja	ja, aber zusätzliche Gebühren	ja	nein	ja
Saxo Bank	sehr günstig	ja	ja, aber mit deutlichem Aufpreis	ja	ja	ja
Swissquote	günstig	ja	ja, aber zusätzliche Gebühren	ja	ja	ja

Das Siegel an der linken Seite hebt die Broker hervor, die kompatibel mit der OCT-Software des Verlages sind, die Ihnen Felix Lang auf Seite 258 vorstellen wird.

Faktor 3: Trading-Werkzeuge und Research

Klarheit über den eigenen geplanten Tradingstil und eine optimale Brokerlösung dafür gefunden zu haben sind bereits zwei absolut wesentliche Erfolgsfaktoren für Ihren Weg an den Märkten. Doch sehen wir der Börsenrealität heutzutage einmal ehrlich ins Auge: Als Privatanleger haben Sie gegenüber den großen Marktteilnehmern noch immer einige Hindernisse, die Sie benachteiligen.

Natürlich ist einer Ihrer größten Vorteile, dass Sie viel schneller und flexibler als große Adressen agieren können. Während die großen Häuser sich nur sukzessiv in neue Positionen einkaufen können, tätigen Sie einen Mausklick und sind dabei bzw. haben Ihre Papiere mit einem Klick wieder verkauft. Doch was Research und Analysekapazitäten angeht sind institutionelle Anleger den meisten Privatanlegern leider weiterhin meilenweit voraus. Es ist als privater Anleger unmöglich, mit der Research-Power der Banken mitzuhalten, da Sie sich weder deren Hightech-Analysetools leisten können noch deren ganze Stäbe an Fach-Analysten.

Doch auch hier hat sich gerade in den letzten Jahren Einiges getan und privaten Anlegern stehen inzwischen Möglichkeiten zur Verfügung, die noch vor gar nicht zu langer Zeit als „undenkbar" galten. Dennoch müssen Sie weiterhin das sprichwörtliche Spielfeld bestmöglich für sich ebnen (denn auch die Banken schlafen ja nicht ...). Es macht also absolut Sinn, sich hier Unterstützung zu holen. Damit sind im Wesentlichen zwei Formen gemeint: Technische Trading-Werkzeuge und zusätzliches Research.

Technische Trading-Werkzeuge sind Tools, welche Ihnen helfen, an den Märkten klarer zu sehen. Der Mehrwert dieser liegt darin, dass Sie damit in der Lage sind, bessere und zielgerichtetere Entscheidungen zu treffen. Zu derartigen Werkzeugen gehören etwa klassische Chartprogramme, Software zur computergestützten Auswertung von historischen Gewinnstatistiken und Erfolgswahrscheinlichkeiten bzw. saisonalen Kursmustern, Wertpapier-Screener, spezielle Datenbanktools und vieles mehr.

Klassisches Research hingegen umfasst Dienstleistungen und Analysen, die von Profis verfasst werden, die sich z.B. auf ein Marktsegment spezialisieren. Dies können Branchen- oder Industrieanalysen sein, aber auch zahlreiche Börsenbriefe, welche es weltweit und auf dem deutschen Markt zu kaufen gibt. Der wesentliche Mehrwert derartigen Researchs ist, dass Sie sich Zeit sparen und spezialisiertes und geprüftes Wissen aus erster Hand (und ohne Interessenkonflikte) erhalten.

Sowohl zeitliche Ersparnis als auch Knowhow sind dabei für viele Privatanleger absolut wesentlich, denn oftmals mangelt es in mindestens einem der beiden Bereiche. Und gerade als Einsteiger fühlt man sich dann von den Märkten auch schnell unter Druck gesetzt, wenn nicht vielleicht sogar auch etwas überfordert. Dies führt zu schlechten (und nicht selten kostspieligen) Entscheidungen. Und das, obwohl Kapitalanlage doch trotz aller Arbeit auch eine ganze Menge Spaß machen sollte.

Die Erfahrung zeigt daher immer wieder, dass es gerade am Anfang ganz sinnvoll ist, erst einmal einem professionellen Trader möglichst „live" und direkt über die sprichwörtliche Schulter zu schauen. So können Sie nicht nur „anfängerfreundlich" miterleben, wie dieser vorgeht. Vielmehr können Sie auch, wenn Sie schon etwas Erfahrung haben, direkt und extrem schnell mithandeln und für sich die gleichen Profite erzielen, wie der Profi selbst.

Welche Dienste empfehlenswert sind und welches Tool unsere Experten nutzen, erfahren Sie am Ende des Buches von unseren vier Experten höchstpersönlich.

Liebe Leserin, lieber Leser,

Ihr erster Trade, los geht's. Sie wollen handeln. Sie wollen Gewinne kassieren. Was Sie benötigen, sind, wie Herr Lang bereits sagte, ein Broker und ein Zugang zu den Börsen.

Ist der richtige Broker erst einmal gefunden, so folgt der nächste Schritt. Um Ihren ersten Trade durchzuführen, nutzen Sie die Handelsmaske des Brokers Ihrer Wahl. Damit Sie eine langwierige Einführung überspringen können und umso schneller mit Ihrem ersten Trade starten können, haben wir Ihnen am Beispiel der Handelsmaske von Interactive Brokers eine Schritt-für-Schritt-Anleitung erstellt; Finanzinstrument ist hier eine Option.

Schritt-für-Schritt Anleitung: Ihr erster Trade am Beispiel Optionen

Im Auswahlfenster der Handelsmasken von Interactive Brokers und deren Serviceprovidern ADiF Brokerage, BANX Brokerage, Cap Trader, FXFlat, Agora direct, Lynx Broker und meintrade.ch führt eine klare Struktur zur ausgesuchten Option. Die Handelsmasken anderer Broker sind ähnlich aufgebaut. Im Zweifel fragen Sie bei der Hotline Ihres Brokers nach.

In Ihrer Handelsmaske klicken Sie in eine freie Zeile unter der Spaltenüberschrift **Finanzinstrument**. Danach können Sie in dieses Feld schreiben und geben dort das Kürzel des Unternehmens ein. Schauen Sie anfangs einem Profi-Trader über die Schulter, so nennt dieser Ihnen das entsprechende Kürzel. Für die **Deutsche Post** geben Sie beispielsweise dort das Kürzel **DPW** ein.

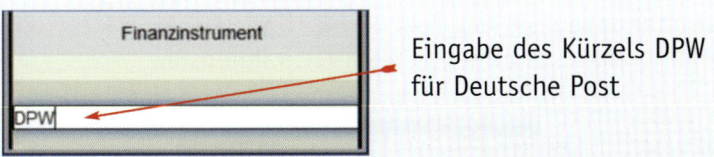

Eingabe des Kürzels DPW
für Deutsche Post

Diese Eingabe schließen Sie mit der ↵-Taste ab.

Es öffnet sich ein Auswahlfenster. Dort wählen Sie unter der Deutschen Post den Menüpunkt Optionen. Den Menüpunkt klicken Sie mit der linken Maustaste an. Es öffnet sich folgendes Auswahlfenster.

Dort sehen Sie die nächsten 2 Verfallstage von DPW-Optionen: 15. Januar 2021, (DPW 100, 7 Tage), 15 Januar 2021 (DPWE, 100, 7 Tage) und 19. Februar (DPW 100, 42 Tage). Das Datum ist jeweils in US-amerikanischer Schreibweise angegeben, also **JAN 15'21**, und **FEB 19'21**.

Dabei bedeuten

DPWE: Optionen mit der „europäischen Ausübung".

100: Sie handeln mit einem Kontrakt je 100 Optionen

7 bzw. 42 Tage: Die Restlaufzeit der Option.

Dahinter sehen Sie das Feld **MEHR**. Dort klicken Sie auf das kleine Dreieck. Es öffnet sich ein Auswahlfenster.

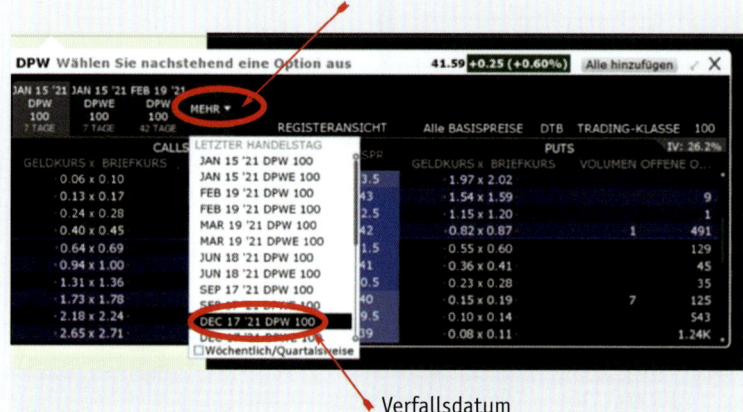

Verfallsdatum

In diesem Beispiel wählen Sie das Verfallsdatum DEC 17'21 (US-amerikanische Schreibweise), also den 17. Dezember 2021.

Es öffnet sich ein neues Fenster. Hier sehen Sie die angebotenen Optionen auf die DPW (Deutsche Post) mit dem Verfallstag am 17. Dezember 2021.

Links können Sie die Calls und rechts die Puts auswählen. In der Mitte des Fensters stehen die Basispreise. In diesem Beispiel ist es der Basispreis 42 €.

Klicken Sie auf die Zeile mit dem Basispreis 42 € im Bereich der Calls und schließen Sie danach dieses Auswahlfenster per Mausklick auf das kleine x oben rechts im Auswahlfenster.

Zur Auswahl mit linker Maustaste klicken   Fenster schließen

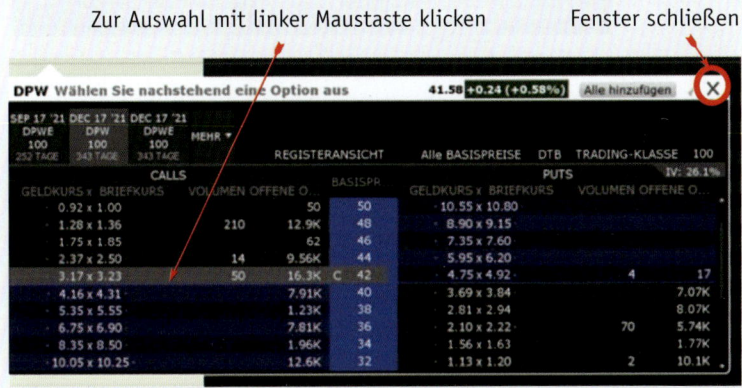

Anschließend sehen Sie die folgende neue Zeile in Ihrer Handelsmaske.

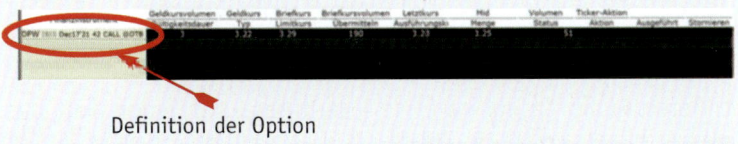

Definition der Option

Sie sehen die Angaben, die diese Option eindeutig definieren: **Basiswert** DPW, **Börsenplatz** des Basiswerts: IBIS (= Xetra), Beschreibung des Kontraktes: **Laufzeit, Basispreis, Call** oder **Put** (hier Call), **Optionsbörse** DTB (= Eurex).

Optionen werden immer mit Einzelpreisen angeboten, gehandelt aber werden sie als Kontrakte mit in der Regel je 100 Optionen.

Wenn Sie nun einen Kontrakt kaufen wollen, klicken Sie den Kaufpreis an, dann sieht das folgendermaßen aus:

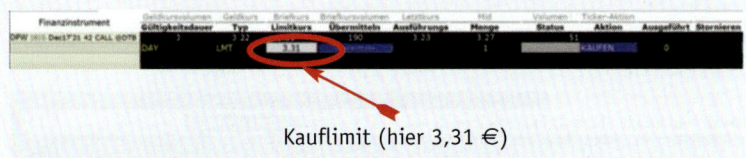

Kauflimit (hier 3,31 €)

Ein Kauf der Call-Optionen der Deutschen Post kostet in diesem Beispiel: 100 × 3,31 € = 331 €.

Sie haben nun den Kauf vorgemerkt, aber noch nicht an der Börse platziert. Den Kaufpreis können Sie ändern und das Kauflimit zum Beispiel herabsetzen.

Erst mit einem weiteren Mausklick auf **Übermitteln** geht Ihre Order an die Börse und Sie haben den Kauf getätigt. Vorher erscheinen aber zur Kontrolle noch mehrere Popup-Fenster, die Sie kontrollieren und bestätigen können. In den Einstellungen der Handelsmaske können Sie diese Popup-Fenster deaktivieren. Empfehlenswert ist allerdings, auf jeden Fall das **Popup-Fenster Order Bestätigung** beizubehalten. Dies kann verhindern, dass Sie versehentlich eine falsche Order abschließen.

Die Position erscheint in Ihrem Depot, genauso wie Sie es möglicherweise von Aktien kennen.

So kaufen Sie eine Option ganz einfach in 7 Schritten

1. Kürzel der Aktiengesellschaft suchen, auf die Sie eine Option kaufen wollen
2. Kürzel in Handelsmaske eingeben, beispielsweise **DPW**
3. **Option** wählen
4. **Verfallsmonat** und **Verfallsjahr** bestimmen
5. **Basispreis** und **Put** oder **Call** auswählen
6. Mausklick auf den **Kaufpreis (ask)**, eventuell **Limit** anpassen
7. Mausklick auf **Übermitteln**. Das gilt für Interactive Brokers. Bei anderen Brokern schließen Sie die Order per Mausklick auf **OK** oder ähnlich ab.

Sie haben jetzt die Umsetzung eines Trades in der Handelsmaske Schritt für Schritt am Beispiel des Finanzinstruments Option kennengelernt und haben eine erste Vorstellung. Bevor Sie nun Ihren ersten Trade starten, sollten Sie im Klaren über das Risk & Money Management sein. Herr Lang erklärt Ihnen nun, was Sie unbedingt beachten sollten.

Ihre

Laura Walterscheid
Laura Walterscheid

Felix Lang

RISK & MONEY MANAGEMENT

Hand aufs Herz: Wenn ich Sie fragen würde, was die wichtigste Entscheidung ist, die Sie beim Geldanlegen für sich treffen können. Was würden Sie antworten? Die richtigen Wertpapiere zu kaufen? Zu wissen, wie Sie möglichst schnell viel Gewinn machen? Kein Geld zu verlieren? Möglichst schnell reich zu werden? Oder vielleicht etwas ganz anderes?

Für den Investor lässt sich die obige Frage relativ einfach beantworten: Es ist die Frage, wie er bzw. Sie das zur Verfügung stehende Geld auf verschiedene Investments aufteilt (man spricht hier als Fachbegriff auch von der sog. **Asset Allocation**). Für den Trader hingegen stehen zwei andere Dinge noch weitaus mehr im Mittelpunkt: Das sogenannte **Risk & Money Management**. Die Profis bezeichnen mit diesem Ausdruck dabei die Disziplin, wie Sie mit Ihrem Geld umgehen.

Beim Risk Management geht es darum, wie viel Risiko Sie pro Trade eingehen sollten und wie Sie dieses in Ihrem Sinne managen können. Beim Money Management wiederum steht im Zentrum, wie Sie mit Ihrem Geld bei der Anlage umgehen sollten (z.B. inwieweit Sie dieses auf verschiedene Trades verteilen sollten). Es erklärt sich dabei von selbst, dass hier eine große Schnittmenge besteht. Wir werden die beiden Aspekte Risiko & Geldeinsatz daher nachfolgend auch gemeinsam betrachten.

Hierzu klären wir aber zunächst einmal, wo überhaupt beim Trading Risiken auftreten können und welche davon für Sie im Alltag besonders relevant sein werden. Dabei sehen wir uns dann entsprechend verschiedene Möglichkeiten an, wie Sie auf die jeweiligen Risiken reagieren können.

Die größten Risiken beim Trading

Ich möchte an dieser Stelle ganz offen mit Ihnen sein. Wenn man wirklich den sprichwörtlichen Teufel an die Wand malen möchte, dann erhalten Sie den besten Überblick über die Risiken bei der Geldanlage, wenn Sie sich das „Kleingedruckte" bei einem Broker oder bei einem Investmentprodukt im Prospekt im Detail durchlesen. Danach werden Sie aber wahrscheinlich nicht mehr viel Lust auf Trading haben. Aber letztlich verhält es sich auch hier wie beim „Waschzettel" von Medikamenten, wenn Sie die Nebenwirkungen sehen. Die Tablette nehmen Sie dann am Ende meist trotzdem – und sie hilft!

Der Grund dafür ist natürlich, dass es hier um juristische Texte geht und viele Risiken in der Praxis zwar denkbar, aber so gut wie null von der Wahrscheinlichkeit her sind. Und da Trading ein Spiel der gezielten Ausnutzung von Wahrscheinlichkeiten ist, werden wir uns auf die Risiken konzentrieren, die zumindest nicht ganz nur theoretischer Natur sind. Hierzu gehören insbesondere die folgenden Bereiche:

Bonität des Brokers / Einlagensicherung

Es ist kein Geheimnis, aber wird dennoch öfters übersehen (bis dann vielleicht einmal der Ärger groß ist): Jeder erfolgreiche Trade basiert auf einem funktionierenden und hinreichend kapitalisiertem Broker, der Ihnen eine verlässliche Infrastruktur bietet und Sie auch stets dann auszahlt, wenn Sie dies wünschen. Das mag trivial klingen, aber leider gab es auch in der Vergangenheit immer wieder Fälle, wo eben genau dies nicht geschah (hier sei z.B. an die zweifelhafte 2010er-Pleite des amerikanischen Brokers MF Global erinnert, bei der sehr viele Anleger extrem hohe Geldbeträge verloren, während die juristische Aufarbeitung noch bis heute zu wünschen übriglässt). Und dass es auch deutsche „Finanzhäuser" einmal unerwartet „umlegen" kann, zeigte ja auch der Fall Wirecard.

Kurz und knapp: Sie müssen bei der Brokerwahl sehr genau hinsehen, damit Sie hier Ihr Risiko eines möglichen Ausfalles oder irgendwelcher Komplikationen auf technischer Seite geringhalten. Einen ersten, ganz guten Eindruck von der Finanz- und Leistungskraft eines Brokers erhalten Sie in der Regel, wenn Sie sich neutrale Bewertungen (keine mit Links zur Broker-Website, denn hier fließen oftmals Provisionen) ansehen. Was sagen die Kunden? Ist man zufrieden? Wenn nein, wo drückt der Schuh und häuft sich das Problem? Hat der Broker inzwischen darauf reagiert? Und wenn ja, wie war die Reaktion bzw. ist das Problem behoben?

Die finanzielle Seite der Broker betrachten Sie am besten, indem Sie sich die Credit Ratings dieser im Internet ansehen. In der Regel sind diese frei verfügbar; oft weisen Broker auch explizit darauf hin (etwa Interactive Brokers). Idealerweise werden die Ratings von größeren Ratingagenturen ausgestellt (z.B. Moody's, Standard&Poors). Hier sollte auf jeden Fall ein stabiler bis positiver Ausblick *(engl. Outlook)* vorherrschen. Und schlechter als B (von Agentur zu Agentur variieren hier die Einstufungsmuster teilweise ein wenig im Detail) sollte das Creditrating keinesfalls sein. Kommen Sie bei der Recherche alleine nicht weiter, können Sie auch jederzeit die Investor Relations Abteilung Ihres Brokers bzw. Ihrer Bank (sofern am Aktienmarkt gelistet) kontaktieren. Eine Schnellübersicht, die Ihnen bei der Brokerwahl hilft, finden Sie kurz vorher im Buch auf Seite 214.

Fundamentale Risiken

Gehen Sie dann einmal einen Trade ein, besteht eine zu beachtende Risikoquelle in der fundamentalen Situation Ihrer Position. Dies ist bei kurzen Haltezeiten noch nicht ganz so stark ausgeprägt. Doch je länger Sie eine Position halten, desto bedeutender wird das fundamentale Bild. Das individuelle Risikoprofil kann sich dabei natürlich von Anlageklasse zu Anlageklasse unterscheiden. Während Sie beispielsweise bei Aktien Probleme wie ein kriminelles Management oder Bilanzierungsskandale (wie z.B. Enron in den USA oder Wirecard in Deutschland) erleben können, ist dies bei Rohstoffen nicht möglich. Diese jedoch weisen daher oftmals ein größeres Schwankungspotenzial auf und neigen zu extremeren Übertreibungen in beide Richtungen. Davon abgesehen kann es aber auch zu unerwarteten externen Einflüssen auf eine Position kommen (etwa Reaktionen auf die Verkündung von Unternehmensdaten, regulatorische Neuigkeiten, Ereignisse, welche die Dynamik bei der Rohstoffproduktion durcheinanderwirbeln, etc.).

Als Trader sind hier für Sie zwei Punkte letztlich wichtig:

a) Gehen Sie nicht einfach einen Trade ein, sondern planen Sie die Haltezeit, für die Sie eine Position im Portfolio haben wollen, konkret ein. Je länger die Haltezeit ist, desto mehr sollten Sie fundamentalen Daten Bedeutung beimessen. Achten Sie besonders bei Aktien in jedem Fall auf Berichtsdaten, in denen Unternehmen ihre Ergebnisse für das Quartal melden. Diese können schnell zu Verwerfungen führen und eventuell bestehende Trends, die Sie in der Preisentwicklung ausnutzen wollen, durcheinanderwirbeln.

b) Kennen Sie das fundamentale Risikoprofil Ihres Trades genau. Welche Faktoren können innerhalb der geplanten Haltezeit für Verwirbelungen sorgen? Welche könnten Sie sogar zu Ihren Gunsten nutzen? Was tun Sie, wenn es dazu kommt, dass von Ihnen identifizierte Risiken eintreten? Welchen Plan haben Sie für den Fall?

Technische Risiken

Je kurzfristiger Sie handeln, desto wichtiger ist die Charttechnik für Sie. Denn mittel- und längerfristig folgt der Preis eines Assets seinen ihm zugrundeliegenden Fundamentaldaten. Kurzfristig hingegen spielen Charttechnik, Massenpsychologie und auch ein Stück Zufall eine größere Rolle. Daraus ergibt sich, dass ein Teil Ihres Tradings stets auch auf mögliche charttechnische Risiken hin optimiert sein muss. Ihr Ziel hierbei muss es sein, die charttechnische Ausgangslage zu Ihrem Vorteil auszunutzen. Das kann bei ganz einfachen Dingen beginnen, indem Sie überhaupt erst einmal einen Zugang zu dem Ihnen vorliegenden Chart entwickeln. Eine erste Frage wäre dabei etwa, ob die Ihnen vorliegende Kursentwicklung auf einen sich in einem Trend befindlichen Preis hindeutet oder auf eine Seitwärtsspanne.

In einer Seitwärtsspanne gilt, dass Sie an der unteren Unterstützung zukaufen und an der oberen Unterstützung ggf. Teilgewinne mitnehmen (wenn Sie auf einen Ausbruch spekulieren) oder die Position mit Gewinn glattstellen. Letztlich hängt es hier von Ihrer Erwartungshaltung an die Situation ab. In Trendphasen macht es

hingegen mehr Sinn, an der Unterstützung einer Aufwärtstrendlinie zu kaufen oder am Abwärtswiderstand (= Trendlinie, welche
einen Abwärtstrend nach oben hin begrenzt) zu verkaufen (wenn
Sie beispielsweise eine Shortposition eingehen möchten).

Doch technische Risiken lassen sich auch noch über den einzelnen
Chart hinaus fassen. Denn auch **Marktbreiten-Indikatoren** *(engl.
Market Breadth)* können Ihnen wertvolle Hinweise zur Richtung des
Gesamtmarktes geben, in dem Sie handeln – schließlich führt
diese meistens zu Auswirkungen auf so gut wie jeden Einzelwert
in einem gegebenen Anlageuniversum. Wenn Sie beispielweise
wüssten, dass obwohl der S&P 500 an einem Tag 1% gestiegen ist,
rund 87% aller an der New Yorker Börse gelisteten Aktien fielen und
im Schnitt um 2.5% Verlust machten. Würden Sie dann die 1% im
Leitindex noch immer positiv sehen? Wohl weiter weniger.

Auch kann die Auswertung zyklischer und saisonaler Statistiken
Ihnen helfen, Ihr Risiko in einem Trade zu senken. Denn viele
Papiere haben „ihre Jahreszeit" und damit Phasen, in denen sie
meist von der Tendenz her gut laufen. In anderen Monaten hingegen sieht es dann bei solchen Assets eher weniger interessant aus.
Aber auch das sind natürlich Probleme, die Sie als Trader mit der
Zeit durchaus lernen zu lösen. Nicht nur hilft Ihnen hier sicherlich,
einmal unseren Experten über das Tool One Click Trading, über die
sprichwörtliche Schulter zu schauen, welches ich Ihnen am Ende
des Buches auf Seite 258 vorstellen werde. Sondern es gibt auch
zahlreiche sehr gute vertiefende Literatur zu Themen wie der Inter-
market Analyse, die durchaus gewinnbringend sind.

Allgemeine Marktrisiken

Eine der bekanntesten Risikokategorien sind allgemeine Markt-risiken. Hierunter fällt im Wesentlichen der Einfluss des Gesamt-marktes auf Ihre Trading-Position. Denn wie wir alle ja spätestens seit dem Corona-Tief im März 2020 wissen, haben externe Schocks auf so gut wie alle Positionen deutliche Auswirkungen.

Doch nicht immer muss es derart extrem sein. Denn eigentlich reicht es schon, den täglichen Newsflow an den Märkten zu betrachten. Nehmen wir einmal Tech-Aktien wie Apple, Amazon oder Face-book als Beispiel. Liefert eines dieser Unternehmen unerwartet schlechte Zahlen, so hat dies meist auch Auswirkungen auf die Kurse der anderen Unternehmen im Sektor. Denn nicht selten stecken Branchen bedingte Einflüsse hinter einer solchen Entwicklung, die für eine Überraschung bei einem Unternehmen sorgte. Und daher ist es nur logisch, dass auch die anderen Unternehmen in einem Sektor von einer solchen Meldung betroffen sein können bzw. werden.

Mit anderen Worten: Sie können also Recherche technisch „alles richtig gemacht" haben und eine Meldung aus einer sprichwörtlichen anderen Ecke des Marktes kann trotzdem deutliche Auswirkungen auf Ihre Position haben. Oft sind diese nur vorübergehend – aller-dings in vielen Fällen auch nicht, wenn handfeste fundamentale Aspekte dahinterstecken und nicht nur psychologische Reflexe der Marktteilnehmer.

Ein „Klassiker" ist in diesem Bereich übrigens der Ölpreis. Da nahezu unsere gesamte Weltwirtschaft stark auf Öl basiert, ist Öl natürlich auch für viele Unternehmen eine Input-Kostenvariable. Dementsprechend führen starke Schwankungen im Ölpreis auch zu Kursschwankungen bei vielen Aktien, da dies Auswirkungen auf die Gewinnaussichten vieler Unternehmen haben.

Individuelle Risiken

Die Kategorie „individuelle Risiken" ist erfahrungsgemäß ein Bereich, der vielen Anlegern mit am schwersten fällt in Ordnung zu halten, da hier einfach viele persönliche und charakterliche Dinge mit ins Spiel kommen. Generell gilt, dass ich hierunter alle Risiken verstehe, die ursächlich durch den Anleger oder dessen Entscheidungen überhaupt erst ins Leben gerufen werden.

Ich möchte dies an einem Beispiel verdeutlichen: Wir nehmen hierzu an, ein Anleger A sei ein sehr risikoaverser Mensch. Gleichzeitig macht er nicht oft an der Börse Profite, so dass er diese direkt abräumt – ganz nach dem Motto „Was man hat, hat man."

Dies ist natürlich gleich in doppelter Hinsicht problematisch: Denn weder werden bei einem derartigen Vorgehen die Gewinner laufengelassen, um WIRKLICH große Profite zu verbuchen. Noch werden die Verlierer konsequent verkauft, sondern das „Prinzip Hoffnung" gekoppelt mit unkontrollierter Gier kommen zum Einsatz.

Solche Dinge sind es, die in den Bereich „individuelle Risiken" fallen. Weitere beliebte „Klassiker" aus dem Segment sind z.B. Klumpenrisiken (= zu wenig Streuung der eigenen Anlagemittel), schlechtes Markttiming bei sehr volatilen Werten, keine Strategie für Rückschläge oder klare Positionsausstiege, etc.

Jeder Mensch ist anders, daher ließen sich an dieser Stelle noch zahlreiche Beispiele aufzählen. Wichtig ist viel mehr, dass Sie sich kennenlernen und Ihre Entscheidungen protokollieren. Ein Trading-Tagebuch kann hier sehr hilfreich sein. Hier sehen Sie sehr schnell, ob sich bestimmte Fehler häufen oder nicht und was Sie daraus an korrigierenden Schritten für sich ableiten können.

Doch wie verhindern Sie alle die hier genannten Risiken für sich? Welche Methoden können Sie effektiv anwenden?

Kleiner Werkzeugkasten: Risk und Money Management

Einen Teil an Tipps und Tricks habe ich ja bereits in den vorangehenden Abschnitten genannt. Letztlich muss klar sein: Das Ziel von Risk und Money Management soll es ja sein, genau solche Entwicklungen wie oben beschrieben zu verhindern. Und genau dazu gibt es eine Vielzahl verschiedener Methoden, die zum Einsatz gebracht werden können.

Eine der bekanntesten Möglichkeiten der Risikokontrolle ist dabei das Positionsmanagement. Hier geht es darum, Risiken, die auf Ebene der einzelnen Trading-Position entstehen, bestmöglich zu verwalten.

Risikokontrolle auf Ebene des Trades

Generell gilt hier, dass Sie in drei Bereiche unterscheiden müssen:

- Dinge, die Sie vor dem Trade tun können
- Dinge, die Sie während des Trades tun können
- Dinge, die Sie tun, um den Trade zu beenden

Vor dem Trade ist es zunächst einmal sehr wichtig, dass Sie sicherstellen, dass sich der Preis in einer guten und günstigen Zone für einen Einstieg befindet. Sie haben hierzu schon einiges auf den vorangehenden Seiten gelesen. Kommen Sie zu dem Ergebnis, dass die Position passt, sehen Sie sich an, wo ein potenzieller Stop-Kurs liegen kann. Oftmals kann dies sehr sinnvoll bei längerfristigen Trendbrüchen sein, die Ihre Trading-Idee verneinen würden.

Kalkulieren Sie nun den möglichen Verlust pro Aktie und den möglichen Gewinn, den Sie für den Trade für realistisch halten. Dividieren Sie nun den möglichen Gewinn (Chance) durch Ihren möglichen Verlust, so erhalten Sie eine einfache Metrik, nämlich Ihr Chance-Risiko-Verhältnis (kurz: CRV). Dieses sollte bei gutem Risk und Money Management stets bei mehr als 3 liegen (hinter dieser Überlegung steckt die Idee, dass Sie einen langfristig positiven Erwartungswert haben möchten beim Traden).

Sind Sie dann in Ihren Trade eingestiegen, ergeben sich Fragen wie das strategisch geschickte Nachziehen von Stop Loss Marken, um angefallene Gewinne zu sichern oder – bei krassen Marktschwächen (die vielleicht mit Ihrer Position gar nichts zu tun haben) – wie Sie damit umgehen. Sitzen Sie die Lage aus? Oder sichern Sie sich mit einem Zusatzgeschäft (z.B. CFD) ab? Profis sprechen hier vom sogenannten Hedging einer Position.

Risikokontrolle auf Ebene des Portfolios

Risiko können Sie jedoch nicht nur auf Ebene Ihrer Tradingposition effektiv managen. Vielmehr gibt es auch wichtige Möglichkeiten, dies auf Portfolio-Ebene zu tun.

Zunächst einmal empfehle ich Ihnen hierbei den Einsatz von Themenlimits. Das bedeutet, dass beispielweise nur 10% Ihres Portfolios (den Prozentsatz können Sie natürlich wählen) in einem Thema investiert sein darf (z.B. „chinesische Tech-Aktien"). Wenn Sie dies noch mit festen Positionslimits versehen, verhindert dies von vornerein schon, dass ein Trade, der vielleicht mal völlig schiefgeht, ein zu großes Loch in Ihr Portfolio reißen kann.

Ein einfaches Beispiel: Wenn Sie beispielsweise maximal 5% Ihres Portfolios für einen Trade einsetzen, so haben Sie selbst bei einem Totalverlust noch immer 95% Ihres Kapitals. Gewichten Sie Ihre Position zu hoch, fallen Sie schnell in ein Performance-Loch, das Sie nur sehr schwer wieder verlassen werden können.

Gleichzeitig zwingen Sie Themenlimits zur Diversifizierung, also dem Verteilen bzw. dem Streuen des Anlagemittels (und damit des Risikos) auf mehrere Themen bzw. Werte. Idealerweise achten Sie hier aber bitte darauf, dass Sie unkorrelierte Trades aufbauen. Es ist keine wirkliche „Diversifizierung", wenn Sie statt einer Aktie im Sektor noch zwei weitere kaufen. Das hilft Ihnen innerhalb eines Themas. Doch die Themen in Ihrem Portfolio sollten stets möglichst unkorreliert sein. Ein gutes Beispiel etwa wären Edelmetall und

Biotech-Aktien. Diese könnten unterschiedlicher kaum sein von ihren kurstreibenden Einflüssen.

Noch besser: Sie diversifizieren über mehrere Anlageklassen (etwa Aktien, Rohstoffe, Fremdwährungen). Und wenn Sie es dann noch vollends abrunden möchten, können Sie auch dazu übergehen, wie ein Hedgefonds gleichzeitig Long- und Shortpositionen im Depot zu halten. Auf diese Weise machen Sie sich dann endgültig unabhängig vom breiten Gesamtmarkt. Dann entscheidet nur noch die Qualität Ihrer einzelnen Trades über Ihren Erfolg- oder Misserfolg. Das breite Marktrisiko haben Sie ziemlich stark verkleinert.

Garnieren Sie das dann noch mit den richtigen Methoden des Money Managements, kann eigentlich kaum noch etwas schiefgehen.

Risikokontrolle auf Ebene des Money Managements

Ein erster wichtiger Aspekt des Money Managements ist dabei der sogenannte **Portfolio Stop Loss**. Dieser greift dann, wenn Sie unter eine vorher definierte Marke an Verlust fallen. In den meisten Fällen bietet sich hierbei eine Größenordnung von 10–15% gut an. Konkret bedeutet das in der Praxis, dass wenn Sie Ihre Verlustmarke im Portfolio reißen, Sie aufhören zu traden. Stattdessen analysieren Sie alle Ihre Entscheidungen. Prüfen Sie, was Sie anders machen könnten und wo ggf. noch methodische Fehler liegen und steigen Sie nach einer kleinen Pause wieder mental „frisch" ins Geschäft ein. Auf diese Weise verhindern Sie, dass Sie in eine psychologische bzw. emotionale Abwärtsspirale geraten und die Qualität Ihrer Einzelentscheidungen beim Traden dadurch immer schlechter wird.

Auf der Profitseite hingegen sollten Sie sich unbedingt mit der Technik des **Pyramidisierens** vertraut machen, wenn Sie einmal sicher beim Traden geworden sind. Etwas vereinfacht gesagt, bedeutet das Pyramidisieren eines Trades, dass Sie, sofern dieser solide in Ihre Richtung läuft, sukzessiv Ihre Position an bestimmten Marken immer weiter erhöhen (dies wird oftmals im Börsenjargon auch „Scale in" genannt). Im Gegenzug bauen Sie die Position dann auch wieder Stück für Stück ab und lassen jedoch Ihre Gewinne laufen (sog. „Scale Out"). Auf diese Weise können Sie aus einem gut laufenden Trade ein Vielfaches für sich an Gewinn herausholen, wenn Sie dies routiniert und sicher praktizieren.

Als Anfänger sollten Sie jedoch zunächst erst einmal sicher im Trading werden. Pyramidisieren von Positionen ist dann das sprichwörtliche Sahnehäubchen. Bedenken Sie hier bitte unbedingt auch, dass eine falsch pyramidisierte Position wie ein Stein in Ihrem Portfolio liegt und gnadenlosen Zug nach unten entwickeln kann. Auch bedeutet Pyramidisieren natürlich nicht, dass Sie Ihre Themen- und Positionslimits brechen.

Als drittes mächtiges Werkzeug möchte ich Ihnen an dieser Stelle noch eine Methodik vorstellen, welche große Banken und institutionelle Anleger an ihren Trading Desks nutzen. Und zwar erhält hier jeder Händler zunächst einmal nur einen kleinen Teil des zum

Trading verfügbaren Geldes. Erst bei Erreichen bestimmter Erfolgs-marken, darf mit „mehr Einsatz gespielt" werden. Auf Ihr Portfo-lio übertragen könnte dies bedeuten (gerade auch, wenn Sie einen größeren Betrag zur Verfügung haben sollten), dass Sie zunächst einmal nur mit einem Viertel oder Drittel beginnen. Hiermit müs-sen Sie erst einmal beispielsweise 10% Performance erzielen. Errei-chen Sie diese Zielmarke, genehmigen Sie sich mehr Geld zum Traden und machen weiter. Auf diese Weise schützen Sie nicht nur Ihr Kapital, sondern Sie können auch erfolgreich Selbstvertrauen aufbauen und wachsen so auch in das Traden größerer Summen hinein.

Abschließend zu diesem Kapitel kann ich nur anmerken, dass die hier dargestellten Methoden natürlich nur ein kleiner Auszug an ver-schiedenen sehr mächtigen Möglichkeiten sind, die Sie als Trader für sich arbeiten lassen können. Aber alleine die hier vorgestell-ten Werkzeuge reichen bei korrekter Anwendung bereits aus, um Sie zum profitablen Trader zu machen. Die Kunst liegt darin, die Metho-den in der Praxis korrekt zu nutzen und hier die nötige Routine auf-zubauen.

Schauen Sie einfach einmal einem Profi über die Schulter. Und Sie werden sehen, wie die Theorie effektiv in der Praxis genutzt wird. Und wenn Sie dann das Gefühl haben, dass Sie hier sicher im Umgang sind, können Sie ja auch Ihre eigenen Wege gehen. Aller-dings ist dies sicherlich der cleverere Weg als alle Fehler selbst ein-mal „ausprobieren" zu wollen, denn solch ein dickes Konto hat wohl kaum ein Anleger, dass dies auf Dauer aushalten würde.

„ Liebe Leserin, lieber Leser,

„theoretische Überlegungen machen niemanden reich. Was zählt, ist die erfolgreiche praktische Umsetzung. Und genau hier wird es jetzt richtig spannend!"

Perfekt, Herr Lang, besser kann man es nicht sagen. Das gilt auch für die Ausführungen von Herrn Lang zum Broker, dem Trading-Werkzeug und Money-Management sowie den Risiken, die das Traden mit sich bringt.

In der Praxis benötigen Sie einen Broker, der Ihnen den Zugang zu den Börsen ermöglicht. Achten Sie auf die Gebühren, den Service und auch darauf, ob Sie an den Börsen handeln können, die Sie ins Auge fassen. Nicht alle Broker bieten Ihnen zum Beispiel den Zugang zu den spannenden US-Börsen an. Als Trader kommen Sie da auf Dauer kaum vorbei.

Abgeltungssteuer

Ich gehe kurz auf die Broker ein, die nicht sofort bei jedem Trade die Abgeltungssteuer abziehen. Richtig ist, dass Sie auf diese Weise das ganze Jahr über mehr Geld zur Verfügung haben, um zu traden. Das kann sein. Je nach Depotgröße. Wenn Sie aber ein größeres Depot und immer ausreichend Cash haben, spielt das keine allzu große Rolle.

Denn auf der anderen Seite bedeutet dies, dass Sie bei der Steuererklärung mehr Aufwand haben als bei der automatisch verrechneten Abgeltungssteuer. Ich kenne beides. Trader, die begeistert so handeln, wie von Herrn Lang beschrieben, die also mit den noch nicht bezahlten Steuern traden.

Ich weiß aber auch, dass es Trader gibt, denen die steuerliche Seite dann zu aufwändig ist und die einen anderen Broker wählen. Das Für und Wider müssen Sie selbst abwägen. Wenn Sie später merken sollten, dass Sie sich nicht ganz richtig entschieden haben, können Sie ja jederzeit wechseln.

Sie haben Ihren Broker. Nun müssen Sie Geld auf Ihr Depot beziehungsweise das Verrechnungskonto einzahlen. Wenn Sie so, wie hier im Buch beschrieben, Ihren Handelsstil gefunden haben, geht's los. Ihr erster Trade startet.

Sie sind auf dem Weg, ein Trader zu werden.

Sie sind auf dem Weg, Geld zu machen.

Los geht's – dazu mein Schlusswort direkt im Anschluss.

Ihre

Laura Walterscheid
Laura Walterscheid

Laura Walterscheid

LOS GEHT'S

Liebe Leserin, lieber Leser,

an dieser Stelle kann ich sie beglückwünschen. Sie sind nun den meisten Tradern einen entscheidenden Schritt voraus. Das ist der Schritt, der es Ihnen ermöglicht, Geld zu machen. Viel Geld. Ein Schritt voraus, ist genau der Schritt, der zum erfolgreichen Trading führt. Sie sind da angekommen! Prima!

3 Gründe für das Traden:

Nun geht es ans Traden. Denn nur die Praxis zeigt Ihnen, wie gut wir waren. Ich ermutige Sie, den Schritt aufs Parkett zu wagen. Die 3 wichtigsten Gründe:

1. Sie machen Geld.
2. Negativzinsen und die Inflation greifen Ihr Geld von 2 Seiten an und fressen es auf. Es gibt zur Anlage an der Börse keine attraktive Alternative.
3. Und nicht zuletzt: Traden macht Spaß. Ich weiß, wovon ich rede.

Traditionelle Geldanlage hat ausgedient

Die Geldanlage, wie wir sie von früher noch kennen (Sparbuch, Tagesgeld, Lebensversicherung und so weiter) gibt es nicht mehr. Sie zahlen ein. Später bekommen Sie weniger zurück, als Sie eingezahlt haben. Und hinzukommt, dass die Kaufkraft wegen der Inflation noch gesunken ist. Diese Art der Geldanlage ist veraltet.

Do it yourself

Umso wichtiger ist es, dass wir uns aktiv mit dem Thema Finanzen auseinandersetzen. Die Schule macht das nicht und nicht die Universität. Selbst ist der Mann und selbst ist die Frau. Sie sind aktiv und den Schritt voraus, denn Sie sind auf der letzten Seite dieses Buches angekommen.

Ich habe dieses Buch vor dem Druck einem erfahrenen Trader zur Begutachtung gegeben. Er ist seit rund 4 Jahrzehnten an der Börse aktiv. Seine Rückmeldung:

9.999 € für dieses Buch?

Dieses Buch ist Tausende von Euro wert. Zumindest dann, wenn ich bewerte, wie viele Fehler es mir erspart hätte, wenn ich so hätte starten können.

Die Bereitschaft dieser Experten, Ihr Wissen an uns weiterzugeben, eröffnet uns die Chancen auch als Einsteiger und besonders zu Beginn mit einem Profi-Trader zur Seite erfolgreich zu starten und – das wiederhole ich gerne – um Geld zu machen. Auch als Anfänger an der Börse.

Erfolgreiche Trader

Begrenztes Risiko, viele Informationen, viele geldwerte Tipps ermöglichen uns, erfolgreiche Trader zu werden. Ich denke, dass wir Sie davon überzeugen konnten, dass es auch für Sie die richtige Trading-Strategie gibt.

Begeisterung für die Börse

Ich hoffe, dass wir Sie mit unserem erfahrenen Expertenteam für das Trading begeistern können und für Sie das Sparbuch bei der Bank keine Option mehr ist – im wahrsten Sinne des Wortes. Denn bei einer Option sollten Sie jetzt an ein Recht denken, welches Ihnen als Trader ermöglicht, gehebelte Gewinne zu erzielen.

Wir haben viel vom Geld machen gesprochen. Und das ist das Ziel. Das macht Spaß! Erlauben Sie mir aber an dieser Stelle, kurz bevor Sie starten, eine Mahnung, eine Warnung auszusprechen:

Traden Sie nie auf Kredit!

Wie groß die Chance auch scheinbar ist. Ohne Wenn und Aber, traden Sie bitte NIE auf Kredit.

Starten Sie langsam

Es ist durchaus sinnvoll, dass Sie mit einem Demokonto starten. Gute Broker bieten Ihnen das an. Es sieht aus wie echt. Sie haben reale Kurse von der Börse auf Ihrer Handelsmaske. Sie traden aber mit Spielgeld.

Wollen Sie aber direkt starten, so kann es sinnvoll sein, einen Profi-Trader zu engagieren, dem Sie über die Schulter schauen. Sie können seine Trades live nachvollziehen oder sogar mitmachen. Fühlen Sie sich dann sicher genug, so können Sie stets alleine weiter.

Sollten Sie Fragen oder gar Bedenken haben, wenden Sie sich gerne an uns. Wir begleiten Sie gerne mit Rat und Tat auf dem Weg zum Geld machen.

Ich wünsche Ihnen in diesem Sinne einen tollen Start!

Sie sind nun ein echter Trader!

Danksagung

Wie Sie wahrscheinlich im Laufe des Buches bemerkt haben, ist die Börse super interessant und bietet unzählige Möglichkeiten. Genau aus diesem Grunde bin ich dankbar, dass wir für das Buch Expertenwissen von Dr. Gregor Bauer, Michael Berkholz und Felix Lang gewinnen konnten und von der jahrzehntelangen Erfahrung profitieren dürfen. Ich möchte mich in diesem Sinne bei allen Redakteuren für die tolle und zuverlässige Zusammenarbeit bedanken. Vielen Dank, dass Sie uns an Ihrer langjährigen Expertise Teil haben lassen.

Mein besonderer Dank gebührt zudem Herrn Rainer Heißmann, der mir von der Pike des Buches auf mit Rat und Tat zur Seite stand und mich über die Struktur und den Aufbau hinweg, bis hin zur Fertigstellung des Buches begleitete. Weit über die Rolle eines Fachgutachters hinaus, hat er mit seinen wertvollen Ideen, Inhalten und seinem jahrzehntelangen Börsenwissen das Buch perfektioniert.

Vielen Dank Herr Heißmann für den regen Austausch und das Stiften wertvoller Anregungen, die das Trading nun wirklich für jedermann greifbar machen!

Wenn Ihnen dieses Buch gefallen hat, sind Sie bereit Ihren ersten eigenen Trade durchzuführen. Exklusiv für Sie als Leser hat sich der Verlag eine Einstiegsmöglichkeit in das Trading überlegt und schenkt Ihnen die Weltrekordstrategie als optimale Ergänzung zu Ihrem jetzt vorhandenen Wissen als Trader ....

*NEU*NEU*NEU*NEU*NEU* NEU*NEU*NEU*NEU*

Exklusives Angebot zum perfekten Trading-Einstieg:

IHRE DAUERHAFT 100% KOSTENLOSE TEILNAHME*!

»Weltrekordstrategie To Go«!

Der 1. dauerhaft kostenlose* Börsendienst auf Weltrekordniveau ganz persönlich für Sie, mit dem Sie aus 200 € → monatliche Börseneinnahmen von bis zu 55.404 € generieren können:

*Sie bezahlen lediglich eine kleine Gebühr von 1,15 € pro Woche für den Online- und SMS-Versand.

Das ist DAS BESTE ANGEBOT, das ich jemals unseren Trading-interessierten Lesern machen durfte: Denn ich darf Sie heute tatsächlich einladen, unseren NEUEN Trading-Dienst mit der **»Weltrekordstrategie To Go«** dauerhaft kostenlos zu beziehen.

Und ja, Sie haben es hier tatsächlich mit d-e-r Weltrekordstrategie zu tun.

==Denn diese Strategie hat sich tatsächlich und in der harten Praxis durch ihren großen Erfolg ausgezeichnet.== Dabei hat sie sogar nicht nur einen, sondern gleich mehrere Einträge im Guinnessbuch der Rekorde erhalten.

Und Sie können mit dieser Strategie ab heute einsteigen um direkt hocherfolgreich zu traden. Und das selbst dann, wenn Sie noch nie eine Aktie gehandelt haben. Und das sogar dauerhaft 100% kostenlos!

Um sich diesen Trading-Dienst dauerhaft 100% kostenlos zu sichern, gehen Sie JETZT auf die Webseite:

www.einsteiger-trades.de

ÜBER DIE AUTOREN

Kurzporträt Dr. Gregor Bauer

Der im Jahr 1962 geborene Anlageprofi **Dr. Gregor Bauer** arbeitet als selbstständiger Portfolio-Manager für Firmen und Privatkunden.

Er hat sein hohes Renommee durch seine Tätigkeit als Dozent für Portfolio Management und Technische Analyse an der Universität Liechtenstein, der Frankfurt School of Finance & Management, der European Business School (ebs) sowie verschiedener Berufsakademien erworben.

Als einer von deutschlandweit nur 300 Wirtschaftsexperten ist er Mitglied im Umfragepanel des Zentrums für Europäische Wirtschaftsforschung (ZEW, Mannheim). Seine Einschätzung zur Lage der Wirtschaft geht daher unmittelbar in das renommierte Börsenbarometer der ZEW-Konjunkturerwartungen ein.

Dr. Gregor Bauer gehört darüber hinaus zu den renommiertesten Chartexperten in Deutschland. Der durch den Weltverband IFTA zertifizierte technische Finanzanalyst (Certified Financial Technician) ist umfassend mit den Methoden der Technischen Analyse vertraut, an welchen er Sie im Kapitel der Chartanalyse Teil haben ließ.

Er vereinigt das Wissen eines Portfolio-Managers mit dem eines Chartexperten und Traders. Seine facettenreichen Kenntnisse über die Märkte und Handelsstrategien kombiniert konjunkturelle Faktoren, Unternehmensdaten und charttechnische Handelssignale zu einem professionellen und gewinnbringenden Gesamtansatz. Mit Hilfe der von ihm entwickelten Analyse-Gewinn-Strategie „In 3 Schritten zur Gewinner-Option", setzt Dr. Gregor Bauer exklusiv für den Gevestor-Verlag effiziente Handelsansätze über kurz- bis langfristige Zeithorizonte in seinem Dienst „Der Optionen-Profi" um.

Dr. Bauer ist zudem Autor des Standardwerks für den Optionen-Handel: „ErfolgREICH mit Optionen". Mit „ErfolgREICH mit Optionen" legte Dr. Bauer auf 384 Seiten einen für Einsteiger unverzichtbaren Leitfaden in den gewinnbringenden Handel mit Optionen vor. Aber auch fortgeschrittene Optionen-Händler werden hier wertvolle Praxis-Tipps vom Optionen-Profi finden.

Exklusiv für den GeVestor-Verlag und speziell für Einsteiger in den Optionen-Handel hat Dr. Bauer einen praxisgerecht aufbereiteten Video-Kurs entwickelt. Mit diesem Online-Optionen-Kurs gelingt Ihr einfacher Start in den gewinnbringenden Optionen-Handel: In 5 Schritten zum Optionen-Trade – einfach – klar – sicher – gewinnbringend mit Optionen Gewinne realisieren!

In 5 Sofort-Schritten lernen die Teilnehmer, wie sie selbst Ihren ersten Optionen-Trade starten. So können diese selbst hohe Gewinne von +100% Gewinn und auch mehr erzielen – oftmals innerhalb von wenigen Wochen.

Der Optionen-Profi

Der Optionen-Profi ist der 1. Deutsche Dienst für Investitionen in Optionen – einfach – klar – sicher – gewinnbringend. Dr. Gregor Bauer zeigt Ihnen, wie Sie mit der +100%-Ziel-Verkauf-Strategie jederzeit im Auf und Ab der Märkte gewinnen können. Es handelt sich hierbei um einen Börsendienst, der in jeder Marktlage überzeugt und seinen Lesern immer wieder Turbo-Gewinne am laufenden Band beschert.

Der
Optionen-Profi
1. Deutscher Dienst für Investitionen in Optionen

Nicht nur die exklusiven Live-Webinare machen den Dienst einmalig. Dr. Gregor Bauer schafft es immer wieder mit seinen Lesern regelmäßig Turbo-Gewinne einzufahren. Mit dem Optionen-Profi konnten Leser über 300-mal ihr Geld verdoppeln, wobei weit mehr als 150 Gewinn-Trades von +100% und mehr in der Vergangenheit realisiert wurden.

Optionen sind „das" Handelsinstrument der Profis. Sie werden an regulierten Terminbörsen gehandelt und sind unabhängig von Banken und Emittenten. Dadurch sind sie, etwa im Gegensatz zu Optionsscheinen oder Zertifikaten, nicht nur manipulationsgeschützt sondern auch unabhängig von der möglichen Insolvenz eines Emittenten.

Mit dem Börsendienst „Der Optionen-Profi" setzen Sie also auf das anlegerfreundlichste Anlageprodukt mit enormen Gewinnhebeln und auf die professionellen Gewinn-Strategien eines Optionen-Experten.

Kurzportrait Rainer Heißmann

Rainer Heißmann war schon während seiner Ausbildung zum Bankkaufmann fasziniert vom Börsengeschehen. Bei seinem erfolgreichen Fernstudium zum **Betriebswirt** in den Jahren 1988 bis 1992 baute er seine theoretischen Kenntnisse parallel zum aktiven Börsenhandel immer weiter aus.

Bei seinem postgradualen Studium zum Fach- und Wirtschaftsinformator **(Informationsbroker)** in den Jahren 1997 und 1998 legte er seinen Schwerpunkt auf Recherche und Datenbankarbeit. Das ermöglicht ihm heute, alle Informationen aus freien und bezahlten Datenbanken zusammenzutragen und auszuwerten. Dieses Wissen gepaart mit jahrzehntelanger Börsenerfahrung hat ihn zu einem der besten und erfolgreichsten Trader gemacht.

Seine Erfahrung und sein Gespür führten zum Beispiel dazu, dass er die Leser seines Börsendienstes schon am 6. Dezember 2007 vor dem Crash des Jahres 2008 warnte. Mehr noch: Er empfahl seinen Lesern den Kauf von Puts (Gewinne bei fallenden Märkten).

Im Crashjahr 2008 verlor der DAX mehr als 40%. Die Leser von Heißmanns Börsendienst gewannen jedoch mehr als 30%. Eine positive Differenz von gut 70 Prozentpunkten.

Rainer Heißmann ist Buchautor sowie Autor für Wirtschafts- und Börsenfachpublikationen. Er schildert komplexe Sachverhalte so klar und verständlich, dass diese auch für den Nicht-Fachmann einfach zu verstehen und nachzuvollziehen sind. Im Gevestor Verlag schreibt er seit vielen Jahren seinen E-Mail-Dienst: Heißmanns Börsenkommentar.

Herr Heißmann unterstützte weit über die Tätigkeit eines Spezialfachgutachters hinaus das Werden dieses Buches von der ersten Idee bis zur Fertigstellung. Seine Anregungen und Inhalte sind ein wesentlicher Faktor, dass das Thema Trading für Sie greifbar gemacht wurde.

Heißmanns Börsenkommentar

Wenn Sie wissen wollen, wie Börse wirklich ist: Heißmann schaut hinter die Kulissen, deckt Ungereimtheiten und Widersprüche auf und begleitet das Wirtschafts- und Börsengeschehen mit seinen kritischen Kommentaren.

In seinem Newsletter „Heißmanns Börsenkommentar" bringt Rainer Heißmann die Börse auf den Punkt. Mit seinen treffenden Markteinschätzungen entdeckt er für seine Leser Gewinn-Chancen und ist den Anderen fast immer einen Schritt voraus.

Kurzportrait Felix Lang

Schon während seines BWL-Studiums folgte **Felix Lang** seiner Leidenschaft für die Börse und Finanzwelt und machte sich gemeinsam mit zwei Freunden im Bereich der Finanzanalysen selbstständig. Seine spätere Tätigkeiten als Geschäftsführer eines Introducing Brokers und als Trading-Coach ermöglichten es ihm, sein Wissen zu vertiefen und weiterzugeben.

Seine Mission ist es, das Traden für jedermann zugänglich zu machen. Deshalb hat er meine Bitte, in diesem Buch zu schreiben, mit Begeisterung angenommen. Geradezu faszinierend ist, wie er mit der Software „One Click Trading" das Trading revolutioniert hat.

Seine über 20-jährige praktische Erfahrung als Trader und seine vielen Kontakte mit ungezählt vielen Tradern, die er als Geschäftsführer des Introducing Brokers betreut hat, hat er gebündelt, um das Trading massiv zu erleichtern.

Den Lesern des Verlages stellt er seinen Dienst exklusiv und kostenlos zur Verfügung. Doch was steckt hinter der Trading-Revolution?

Die Trading-Software „One Click Trading"

One Click Trading hilft Ihnen dabei, einen Trade mit nur wenigen Klicks bei einem der angebundenen Broker zu platzieren und diesen in Sekundenschnelle umzusetzen.

Als Abonnent eines Börsendienstes bekommen Sie die Empfehlungen Ihres Redakteurs direkt per SMS oder Mail und können die Empfehlungen schnell und ohne Gefahr von Eingabefehlern – ob zuhause am PC oder unterwegs – mit Ihrem Smartphone umsetzen. Die Devise lautet hier ganz klar – schnell, einfach und sicher! So entgeht Ihnen kein Trade aus Ihrem Börsenbrief.

Wenn Sie lieber selbst das „Ruder in die Hand nehmen", bereitet Sie Felix Lang mit seinem Kurs zum OCT-Aktienscreener darauf vor, Ihre eigenen Analysen durchzuführen und selbst in die Welt der Börsenprofis aufzusteigen.

Der OCT-Aktienscreener ist ein mächtiges Werkzeug, um Aktien zu analysieren und zu filtern und den nächsten großen Gewinner zu finden. Mit dem OCT-Aktienscreener sind Sie auf dem besten Weg, Geld zu machen.

Kurzportrait Michael Berkholz

Der gelernte Journalist **Michael Berkholz** ist fasziniert vom Traden und der psychologischen Seite des Tradings. Dabei hat er einen ungewöhnlichen Weg zur Börse genommen. Als Journalist hat er sich lange mit professionellen Pokerspielern befasst. Das Kartenausgeben ist Glücksache. Aber dann, so Berkholz, wird es spannend. Die Pokerspieler müssen Stress aushalten und richtig kalkulieren. Im wahrsten Sinne des Wortes, „ohne mit der Wimper zu zucken". Wer hier die beste Strategie hat und es schafft, emotionslos zu agieren, wird langfristig gewinnen.

Was ihm am Poker nicht gefällt, ist der hohe Anteil des Zufalls beziehungsweise des Glücks (je nach erhaltenem Kartenblatt). Dagegen war der mentale Aspekt der Akteure am Pokertisch seine Weiche zur Börse. Für Trader ist es ebenfalls wichtig, ruhig zu bleiben. Sie brauchen zwar kein Pokerface, dennoch dürfen sie sich beim Traden nicht von Emotionen leiten lassen.

Perfekt, sagt Herr Berkholz, finde er beim Traden die spannende Seite des Pokerns, kombiniert mit dem logischen Analysieren, ganz im Gegensatz zum Glücksfaktor beim Poker.

Als gelernter Journalist seziert er für Gevestor die Finanzmärkte und hat immer einen Blick auf die menschliche Seite der Akteure. Entsprechend einmalig und spannend lesen sich seine Artikel und Berichte zur Börse. Seit einigen Jahren schreibt er den Newsletter „Trading Insider".

In seinem Newsletter berichtet Michael Berkholz seinen Lesern vom Börsengeschehen – und zwar alles andere als staubtrocken. Sein Blick auf die Märkte ist anders, total spannend. Er bringt den Newsletter-Abonnenten die Märkte näher, gibt konkrete Tipps, wie Sie ihr Trading verbessern können, erklärt die Zusammenhänge und zeigt mit seinen Chartanalysen mögliche Tradingideen auf.

Immer am Puls der Zeit entdeckt er für seine Leser neuartige Investitionsmöglichkeiten bevor sie im Mainstream ankommen. Hier gibt es einen bunten Mix aus Aktien, Indizes, Marktgerüchten. Aber auch Kryptowährungen (Bitcoin) und neue digitale Trends werden hier ausführlich beleuchtet. Immer mit dabei, die psychologische Komponente der Märkte und der Akteure.

Interview mit Profi-Trader Rainer Heißmann

Laura Walterscheid (LW): Ich war immer wieder verblüfft, Herr Heißmann, wie kompetent Sie als Gutachter zu jedem Thema unserer Fachautoren Stellung nehmen konnten und bei jedem Thema ein außergewöhnlich fachkundiger Gesprächspartner waren. Sie haben immer wieder Optimierungen aufgezeigt. Wie lernt man das?

Rainer Heißmann (RH): Danke für die Blumen. Das hat mein harter und auch kostspieliger Werdegang an den Börsen mit sich gebracht. Es war ein enorm schwerer Anfang, geprägt von Fehlern. Ich habe mir das ganze Trading-Wissen in harter Arbeit selbst beigebracht. Ein Praxis bezogenes Buch, so wie dieses, hätte ich mir seinerzeit gewünscht. Der Preis hätte keine Rolle gespielt. Aber so ein Buch gab es nicht. Diese harte Schule war aber auch extrem lehrreich.

Hinzu kommen mehr als drei Jahrzehnte Börsenerfahrung, in denen ich mit vielen Finanzinstrumenten getradet habe. Am Rande: Optionsscheine habe ich nie gehandelt. Da ziehe ich die klassischen Optionen an Terminbörsen vor. Außerdem habe ich binäre Optionen nie angefasst und auch CFDs sind nie in mein Depot gekommen.

In all diesen Jahren habe ich mich immer wieder mit neuen Börsenthemen und -strategien befasst. Das alles hat mich geschult. Und – es hat mir Spaß gemacht. Es macht mir Spaß. Nach wie vor faszinieren mich die vielen Möglichkeiten, an der Börse Geld zu machen.

LW: Keine Optionsscheine? Keine binären Optionen? Keine CFDs? Darf ich fragen. warum?

RH: Das ist einfach beantwortet:

1. *Optionsscheine:* Im Gegensatz zu Optionen werden Optionsscheine von Banken und Wertpapierhäusern emittiert. Sie handeln mit diesen Papieren also im wahrsten Sinne des Wortes gegen die Bank. Die kann die Kurse manipulieren. Da mache ich nicht mit. Optionen werden von Terminbörsen definiert, nicht emittiert. Danach werden Sie transparent an Terminbörsen gehandelt. Angebot und Nachfrage bestimmen den fairen Preis.

2. *Binäre Optionen:* Hier gab es immer wieder Berichte über „betrügerische Händler" (Zitat Wikipedia). Es ist nicht einfach, die korrekten Händler von den im Graubereich agierenden Händlern zu trennen. Die Mühe spare ich mir. Weg mit dem Zeug.

3. *CFDs:* Eine Zeit gab es ein extremes Risiko der Nachschusspflicht. Das war Grund genug, mir diese Papiere nicht weiter anzusehen. Das Risiko der Nachschusspflicht soll nun weitestgehend ausgeschlossen sein, so habe ich gelesen. Wenn dem so ist, ok. Ich bleibe aber bei meinen klassischen Optionen. Ich muss nicht jedes neumodisches Zeugs anfassen.

Diese 3 Punkte sind meine individuelle Bewertung. Es gibt Trader, die mit diesen Papieren erfolgreich agieren. Das sei ihnen gegönnt.

LW: Wenn ich fragen darf, sind Sie heute finanziell unabhängig?

RH (lachend): Kennen Sie Diogenes in der Tonne? Der ist auch finanziell unabhängig. („Diogenes in der Tonne" nennen wir einen bedürfnislosen Menschen.) Und ernsthaft: Ja!

LW: Was können Sie jetzt einem Anleger empfehlen, wenn er heute erfolgreicher Trader werden will? Sagen wir, er will so werden wie Sie!

RH: Vor allem würde ich ihm abraten, so zu werden wie ich. Ich habe zum Beispiel früher gerne den Börsenguru Kostolany (lebte 1906–1999) gelesen. Und doch wollte ich nicht werden wie er. Das wäre auch nicht gut gegangen. Man kann sich einige Elemente und Strategien abschauen. Aber dann muss jeder seinen eigenen Weg finden. Entsprechend soll auch niemand „so werden wie ich" beziehungsweise mich an der Börse kopieren.

Aber zum Start ins Traderleben gebe ich gerne 3 Tipps. Der Start ist gar nicht schwer:

1. **Schritt:** Eröffnen Sie ein Depot bei einem Broker. Zahlen Sie Geld auf das zum Depot gehörende Verrechnungskonto ein.

2. **Schritt:** Lernen Sie die Handelsmaske kennen, bevor Sie auch nur einen Cent investieren. Nicht, dass es Ihnen geht wie mir. Lange ist es her. Ich saß vor der für mich neuen Handelsmaske und wollte den DAX traden. Ich klickte ... und erschrak. Ich hatte etwas gekauft. Oder verkauft? Es blinkte. Schneller als ich reagieren konnte lief der Trade ins Minus. 30 DM, 50 DM, 100 DM. Bei minus 150 DM habe ich die Reißleine gezogen. Es war mein Fehler. Mangelnde Vorbereitung. Machen Sie es besser!

3. Schritt: Planen Sie Ihren ersten Trade. Setzen Sie wenig Geld ein. Und dann starten Sie Ihren ersten Trade.

So gelingt Ihnen der erste Trade und der Einstieg an der Börse.

LW: Wie lange dauert es denn, bis ein Einsteiger zum fertigen Trader wird?

RH: Einfache Antwort: Das dauert unendlich. Ich bezeichne mich auch heute nicht als fertiger Trader. Die Märkte ändern sich, oft gravierend. Man muss am Ball bleiben. Immer. Ein Trader-Leben lang. Denken Sie nur an die Negativzinsen, die gab es früher nicht. Die wären undenkbar gewesen. Die extrem hohen Staatsverschuldungen hat es auch noch nie gegeben. Oder, wenn ich etwas weiter zurückschaue: Früher musste ich bei der Bank anrufen, um einen Trade zu starten. Am anderen Tag konnte ich dann nachfragen, ob der Kauf oder Verkauf geklappt hatte. Vor gut 20 Jahren bekamen Sie zu jedem Trade eine Bestätigung per Brief. Da konnte es bei aktiven Daytradern sein, dass diese 10 oder 20 Briefe am Tag bekamen. Na, genug von Früher. Ich will nur aufzeigen, dass sich der Markt ständig ändert. Sie müssen am Ball bleiben. Ein fertiger Trader, beziehungsweise Sie, Frau Walterscheid, eine fertige Traderin werden Sie nie.

LW: Das leuchtet mir ein. Frage ich anders: Wie lange dauert es, ein routinierter Trader zu werden?

RH: Eine Zahl, wie zum Beispiel 30 Wochen oder 1 Jahr, ist schwer zu nennen. Es kommt zum Beispiel auch darauf an, wie viel Zeit der angehende Trader ins Traden investiert. Gehen wir von einem

Trader aus, der 8 Stunden am Tag konzentriert handelt. Pausen sind erlaubt und erwünscht. Puhhh, ich überlege.

(Es dauert.)

LW: Nu? Was kommt raus?

RH: Ok, 8 Stunden am Tag traden beziehungsweise mit dem Traden und den Märkten beschäftigen. Dazu dieses Buch gewissenhaft durcharbeiten und verstehen. Ein oder zwei Fachzeitschriften abonnieren ist nicht verkehrt. Und natürlich auf Internetseiten mit wichtigen Terminen präsent sein. Wenn der angehende Trader neu am Markt ist, dann ist er vielleicht nach 6 Monaten routiniert. Aber es gibt danach noch viel zu lernen beziehungsweise Erfahrung zu sammeln. Na, und wenn jemand nicht 8, sondern 4 oder 2 Stunden am Tag handelt, dann dauert es entsprechend länger.

LW: Ganz schön lange ....

RH: Stimmt! Ihre Frage war aber auch, wie lange es dauert, routiniert zu sein. Um Routine zu erreichen, müssen Sie viele Trades durchgeführt haben, das dauert. Sie können das Ganze natürlich auch deutlich abkürzen.

LW: Das hört sich spannend an. Wie denn?

RH: Schauen Sie einem Profi über die Schulter. Sehen Sie sich live an, wie der Profi-Trader die Märkte analysiert und regelrecht seziert. Wie er Charts liest und dann den bestmöglichen Kaufzeitpunkt bestimmt. Sie sehen, wie er seine Limits platziert. Und dann, wenn der Trade läuft, sehen Sie, wie er diesen Trade kommentiert. Ruhig und sachlich, auch wenn es kurzfristig mal in den roten Bereich läuft.

LW: Ich denke, der Profi liegt mit seinen Trades wohl selten im Minus!?

RH: Ganz anders. Nahezu jeder Trade des Profis läuft ins Minus!

LW: Sie sehen meine Fragezeichen in den Augen!

RH: Das ist einfach erklärt. An der Börse gibt es Angebot und Nachfrage. Typischerweise kaufen Sie zu einem Kurs, der etwas näher am Verkaufsangebot anderer Trader liegt. Der Broker bewertet den Trade aber mit einem Kurs in der Mitte. Dazu kommen die Gebühren, die dem Trade belastet werden. .... Ich sehe immer noch Ihre Fragezeichen. Also anders:

Sie wollen kaufen. Das Papier wird zu 12,00 Euro nachgefragt (Bid-Kurs) und zu 12,50 Euro angeboten (Ask-Kurs). Der Broker bewertet dieses Papier mit 12,25 Euro (Mitte zwischen Bid und Ask). Sie kaufen 50 Stück zu 12,45 Euro. Summe 622,50 Euro. Dazu berechnet Ihnen der Broker 4 Euro Gebühren = 626,50 Euro. Die Bewertung des Brokers liegt bei 50 mal 12,25 Euro = 612,50 Euro. Sie sind also in der Sekunde des Kaufs sofort mit 14,50 Euro, entsprechend 2,4% im Minus.

Es ist also ganz normal, dass Sie rote Zahlen im Depot haben. Hinzu kommt:

Schön wäre es wie folgt: Sie kaufen ein Papier. Sekunden nach Ihrem Kauf läuft der Kurs nach oben. Innerhalb kurzer Zeit erreichen Sie Ihr Kursziel. Sie verkaufen mit hohem Gewinn. Kurz danach dreht der Kurs und läuft wieder abwärts. Aber so läuft es nicht. So ist Börse nicht. Das Tief beim Kauf und das Hoch beim Verkauf treffen Sie nicht punktgenau. Und wenn doch, haben Sie Glück gehabt. Auch hier folgert: Wenn Sie das Tief beim Kauf nicht treffen können, läuft Ihr Trade kurz ins Minus.

LW: Zurück zum Profi über die Schulter schauen. Wie mache ich das? Wen kann ich ansprechen?

RH: Sehen Sie sich erfolgreiche Börsenbriefe an. Börsenbriefe, deren Trades Sie eine lange Zeit zurück einsehen können. Damit können Sie die gute Performance (und nur solche Börsenbriefe sind interessant) nachvollziehen. Da lohnt es sich zuzusehen. Zumal die meisten Chefredakteure und Analysten, die Börsenbriefe schreiben, persönlich erreichbar sind. Löchern Sie die mit Fragen. Schneller bekommen Sie den aktuellen Markt nicht in den Griff.

LW: Das kann ich nachvollziehen. Aber der Einsteiger an der Börse hat noch nichts verdient und dann gleich einen nicht ganz preiswerten Börsendienst abonnieren?

RH: Ja, ein guter Börsenbrief kostet. Aber er kostet nicht sofort. Seriöse Angebote geben Ihnen die Möglichkeit, den Börsenbrief einen Monat lang kostenlos zu beziehen. Und ein Börsendienst, den ich empfehlen würde, sollte etliche Jahre erfolgreich am Markt sein. Da trennt sich die Spreu vom Weizen. Wenn Sie der Dienst nicht überzeugt, bestellen Sie ab. Und Sie testen einen anderen Börsendienst. Ihre Kosten bis hier: 0 Euro! Wenn Sie dann aber einen Börsendienst haben, den Sie beziehen möchten, ist es einer, der Gewinne macht. Und der finanziert sich dann sozusagen von selbst.

LW: Da frage ich nach. Ich habe gehört, dass ein guter Trader keinen Börsendienst schreibt, da er ja an der Börse genug verdient. Und der harte Umkehrschluss: Wer einen Börsendienst schreibt, der kann Börse nicht.

RH: „Wer es kann, schreibt nicht. Wer schreibt, der kann es nicht." So fragen mich immer mal wieder Anleger. 3 Antworten dazu:

1. Der von mir oben bereits erwähnte legendäre Trader Kostolany hat viele Bücher geschrieben und Kolumnen zum Beispiel in dem Wirtschaftsmagazin Capital. Er hat das Geld gerne mitgenommen, aber er hat nicht des Geldes wegen geschrieben, sondern weil es ihm Spaß gemacht hat.

2. Der schon zu Lebzeiten legendäre Warren Buffett verwaltet seinen Fonds Berkshire Hathaway. Den Fonds können Sie kaufen. Das ist wie ein Börsenbrief. Und Warren Buffett leitet Hauptversammlungen, schreibt Berichte und so weiter. Muss ich bei Warren Buffett, der zu den 10 reichsten Menschen der Welt gehört, noch sagen, er braucht das Geld nicht?! Er müsste sich den Fonds nicht antun, wenn es ihm keinen Spaß machen würde.

3. Ich habe selbst einen Börsenbrief gestartet, ihn groß gemacht und über viele Jahre erfolgreich geführt. Ich habe mich immer gefreut, wenn ich telefonische oder persönliche Kontakte zu meinen Lesern hatte. Denn ich konnte stundenlang über mein Hobby Börse sprechen. Und das hat mir einen Riesenspaß gemacht. Dazu wurde mir meine Beschäftigung mit meinem Hobby Börse auch noch bezahlt. Außerdem war es eine schöne Abwechslung zum Traden allein am PC. Das kann auch langweilig sein. Übrigens kann sich ein erfolgloser Börsenbrief nicht am Markt halten. Die Leser merken sofort, ob da jemand aus Erfahrung schreibt.

Da fällt mir gerade noch eine Veränderung des Marktes ein, von der ich oben sprach. Sie erinnern sich? Oben habe ich von den 150 DM gesprochen, die ich in 30 Sekunden am Markt verballert hatte. Das kann Ihnen heute nicht mehr passieren, wenn Sie One Click Trading (OCT) benutzen. Der Start an die Börse mit OCT-Trading ist kinderleicht.

Es ist revolutionär. Es schaltet die Fehlerquelle „falsche Eingabe der Order" aus. Der 150 DM-Trade, der bei mir daneben ging, wäre mit OCT nie passiert. Dazu gab Ihnen Herr Felix Lang hier im Buch weitere Infos.

LW: Ich sage ganz herzlichen Dank, Herr Heißmann. Geben Sie den Lesern noch etwas mit auf den Weg?

RH: Börse macht Spaß. Börse bringt Gewinne. Ihren Lesern wünsche ich viel Erfolg und – machen Sie Geld. Es geht!

Glossar:
Fachbegriffe rund ums Trading

Aktienoption

Mit dem Kauf einer Option erwirbt der Käufer das Recht, eine Aktie in der Zukunft zu einem in der Option festgelegten Preis (Basispreis) zu kaufen oder zu verkaufen.

Baisse, Bär, Bären, Bearish, Bärenmarkt

Bärenmarkt oder Baisse sind Synonyme für sinkende Kurse der Börsen.

Basispreis

Er bezeichnet den Preis, zu dem man den Basiswert einer Option bei Ausübung kaufen oder verkaufen kann.

Basiswert/Underlying

Auf Derivate bezogen, ist ein Basiswert *(engl. „Underlying")* das dem Finanzinstrument (Derivat) zugrunde liegende Bezugsobjekt. Dies kann eine Aktie sein oder aber ein Rohstoff, eine Währung, ein Index, ein ETF, eine Kryptowährung oder andere börsengehandelte Instrumente.

Broker

Ein Finanzdienstleister, der für die Vermittlung und Abwicklung von Wertpapiergeschäften zuständig ist. Broker nehmen für die Vermittlung einer Order sehr unterschiedlich hohe Gebühren. Durch die Wahl des richtigen Brokers können Sie Ihre Börsengeschäfte optimieren.

Bulle, Bullen, bullish, Bullenmarkt

In einer Marktphase, in der die Preise der Aktien anhaltend an Wert gewinnen, wird von einer Hausse oder einem Bullenmarkt gesprochen. Dementsprechend wird ein Börsenteilnehmer mit einer Erwartung steigender Kurse „Bulle" genannt, seine Marktmeinung ist „bullish".

Call

Eine Option, die zum Kauf des Basiswertes (meist eine Aktie) zu einem bestimmten Preis bis zu einem bestimmten Datum berechtigt.

Call-Option

Eine Option, die dem Käufer zum Kauf des Basiswerts (z. B. Aktie, Index, Rohstoff oder Währung) zu einem bestimmten Preis bis zu (amerikanischer Typ) oder an einem (europäischer Typ) bestimmten Termin berechtigt. Siehe auch Definition zu **Option**.

Chart

Diagramm zur Darstellung von Börsenkursen bezogen auf eine Zeitspanne.

Chartanalyse

Der Begriff Chartanalyse beschreibt eine Vielzahl einzelner Techniken bezogen auf Börsencharts, die eine Vorhersage zukünftiger Börsenkurse anhand historischer Kursentwicklungen (z.B. Trends) anstreben.

Charttechnik

Unter Charttechnik werden Hilfsmittel der Chartanalyse eingeordnet. Dazu zählen: Untersuchung von Gleitenden Durchschnitten, Unterstützungen, Widerständen, Abweichungen und vielen anderen Kursindikatoren. Ziel ist es, Trends und Kursbandbreiten zu finden sowie künftige Trends zu prognostizieren.

Clearinghaus

Verkäufer und Käufer von Optionen handeln untereinander anonym. Zwischengeschaltet ist an allen Börsen die Stelle, die Kauf, Verkauf, Ausübung oder Glattstellung einer Option abwickelt. Diese Stelle ist das Clearinghaus.

Covered Call

Eine Strategie, bei der Sie Optionen auf Ihre eigenen Aktienbestände in Ihrem Depot schreiben und damit Einkommen generieren.

DAX

Der DAX (Deutscher Aktienindex), wichtigster deutscher Aktienindex, misst Entwicklung und Stand der deutschen Aktienkurse der 40 „größten" deutschen Aktiengesellschaften. Dabei erfolgt die Bestimmung der „Größe" anhand von der Deutschen Börse genau festgelegter Kriterien, die regelmäßig überprüft werden. Er ist Ausgangspunkt für den deutschen Index-Terminhandel.

Derivat

Stammt vom lateinischen Ausdruck „derivare" (= ableiten). Sammelbezeichnung für viele Produkte, deren Kauf- und Verkaufskurse vom Preis eines Basiswertes (Underlyings) abgeleitet werden und in der Regel eine (in der Zukunft liegende) vertragliche Vereinbarung zwischen zwei (oder mehreren) Parteien beschreibt.

Diversifizierung

Das Verteilen bzw. dem Streuen des Anlagemittels (und damit des Risikos) auf mehrere Themen bzw. Werte.

Dow Jones Index

Einer der weltweit wichtigsten Aktienindizes. Er dient zur Messung der Entwicklung des US-amerikanischen Aktienmarktes.

Durchschnittslinien, gleitend

Gleitende Durchschnitte (GD), in den USA „Moving Averages", gehören zu den häufig angewandten charttechnischen Analysemitteln. GDs sind auf vielfältige Weise einsetzbar. Der Name „Gleitender Durchschnitt" beinhaltet die beiden wichtigsten Eigenschaften des Indikators.

„Gleitend" besagt, dass die Berechnung mit jedem neuen Kurs um einen Tag nach vorn verschoben wird. Der bis dahin letzte Kurs fällt also aus der Berechnung hinaus. „Durchschnitt" bedeutet, dass über eine bestimmte Anzahl von Tagen ein Mittelwert der Kurse gebildet wird. Dieser Mittelwert der Kurse der beispielsweise letzten 50, 100 oder 200 Tage wird in den Kursverkauf (Chart) der zu analysierenden Aktie eingezeichnet.

Der Verlauf der gleitenden Durchschnittslinien im Verhältnis zu den tagesaktuellen Kursen erlaubt Schlussfolgerungen für den Verlauf der zukünftigen Kurse und liefert Entscheidungsgrundlagen für die Gesamtanalyse.

Emittent

Aussteller von Wertpapieren. Optionen haben beispielsweise keinen Emittenten. Deshalb spricht man auch von Emittenten-Produkten in Abgrenzung zu den bankenunabhängigen Optionen.

Eurex

Europäische Terminbörse und eine der größten Terminbörsen für Finanzderivate weltweit.

Fonds

Ein Fonds verwaltet Vermögen von Anlegern und investiert entsprechend seiner Bestimmung in Werte, wie z.B. Aktien, Rohstoffe usw..

Forex

Abkürzung für „Foreign Change", zu Deutsch Devisenmarkt, und bezeichnet den Währungsmarkt.

Futures

Börslich gehandeltes Termingeschäft. „Future" bezeichnet einen verbindlichen Börsenvertrag (Kontrakt) zwischen zwei Parteien, in dem beide Parteien Rechte und Pflichten haben.

Gleitende Durchschnittslinie

Trendindikator in der Chartanalyse. Siehe Definition zu **Durchschnittslinien, gleitend**.

GTC-Order

GTC ist, aus dem Englischen kommend, die Abkürzung für „good till cancel" und meint eine zeitlich unbefristete Order an der Börse.

GTD-Order

GTD ist, aus dem Englischen kommend, die Abkürzung für „good till day" und meint eine zeitlich befristete Order an der Börse.

Hausse

Der Begriff Bullenmarkt oder Hausse steht an der Börse für steigende Kurse.

Hebel

Der Hebel ist das Verhältnis zwischen dem Wert der Position und dem von Ihnen eingesetzten Kapital (Margin) um diese Position handeln zu können. Am Beispiel einer Option würde ein Hebel von 20 bedeuten, dass eine Option 20 € im Preis zulegt, wenn der Basiswert um 1 € im Kurs steigt.

Hebelwirkung von Optionen

Beim Kauf von Optionen geben Sie immer nur einen Bruchteil des Geldes aus, den Sie investieren müssten, um Aktien direkt zu kaufen. Gleichwohl kontrollieren Sie eine Zeit lang 100 Aktien pro gekauften Kontrakt Calls oder Puts und profitieren von der Kursentwicklung des Basiswertes. Dadurch können Sie erheblich höhere Gewinne auf das eingesetzte Kapital erzielen und damit einen Multiplikationseffekt erreichen. Das ist die Hebelwirkung von Optionen.

Hedgefonds

Siehe Definition von **Fonds**.

Hedging

Bezeichnet die Absicherung eines Trades mit Hilfe eines Zusatz-geschäftes (z.B. mit Optionen) auszugleichen.

Index

Ein Index ist eine Kennzahl für die Entwicklung der Kurse in einem bestimmten Marktsegment. Er dokumentiert die Entwicklung auf diesem Teilmarkt des weltweiten Finanzgeschehens.

Innerer Wert (Option)

Der innere Wert einer Call-Option ergibt sich aus der positiven Differenz zwischen dem Kurs des der Option zugrunde liegenden Basiswerts und dem Basispreis der Option (beispielsweise einer Aktie). Der innere Wert einer Put-Option ergibt sich aus der posi-tiven Differenz zwischen dem Basispreis der Option und dem Kurs des der Option zugrunde liegenden Basiswerts (beispielsweise eine Aktie).

Kassamarkt

Markt der Wertpapiere, die an der Börse sofort oder kurzfristig erfüllt werden.

Kauf-Option

Eine Kauf-Option ist ein Call. Siehe dazu auch Definition zu **Call**.

Konsolidierung

Als Konsolidierung wird das Abfallen von Aktienkursen nach einem starken, vorangegangenen Kursanstieg bezeichnet. Eine Konsolidierung kann auch durch eine andauernde Seitwärtsbewegung der Börsen stattfinden.

Kontrakt

Ein Kontrakt ist die kleinste handelbare Einheit beim Handel mit Optionen. Bei Optionen auf Aktien sind meist 100 Optionen zu einem Kontrakt zusammengefasst. Die Eigenschaften eines Kontrakts sind standardisiert. Bei Optionskontrakten sind Basiswert, Basispreis und Laufzeit festgelegt. Im Sprachgebrauch vermischen sich die Bezeichnungen Kontrakte und Calls und Puts, da ein Kauf von Optionen immer nur per Kontrakt möglich ist. Wenn Sie also hören, dass jemand Call oder Put-Optionen gekauft hat, hat er immer einen oder mehrere Kontrakte gekauft. Es gibt wenige Ausnahmen an der Eurex, wo eine andere Stückzahl als 100 in einem Kontrakt zusammengefasst wird (beispielsweise Index-Optionen auf den DAX, oder auch Optionen auf die Allianz-Aktie).

K.O.-Schein

K.O.-Scheine sind Hebelzertifikate, die aus Marketinggründen von jeder Bank anders genannt werden (K.O.-Scheine, Bull-Zertifikate oder Waves). Sie werden sofort wertlos, wenn der Kurs des dem K.O.-Schein zugrunde liegenden Basiswerts unter eine bestimmte Knock Out-Marke fällt. K.O.-Scheine werden von Banken herausgegeben (emittiert) und sind dadurch von der emittierenden Bank im Kurs manipulierbar.

Leerverkauf

Verkäufe von Aktien, die sich nicht im Besitz des Verkäufers befinden, werden als Leerverkäufe bezeichnet. Der Verkauf von Calls oder Puts, ohne dass diese im eigenen Depotbestand sind, führt zum Stillhalter- oder gedeckten Stillhaltergeschäft.

Laufzeit (Option)

Zeitraum zwischen dem aktuellen Datum und dem Tag, an dem die Option zuletzt ausgeübt werden kann.

Limit / Limitierung

Als Limit gilt der Kurs, zu dem eine Wertpapierorder ausgeführt werden darf. Bei einem Kauf gibt das Limit den höchsten Kaufkurs an, während es bei einem Verkauf den Mindestkurs angibt.

Limit-Order

Beim Kauf oder Verkauf einer Option geben Sie einen maximalen Kauf- oder Mindest-Verkaufspreis an, zu dem Ihre Order ausgeführt werden kann. Einen ungünstigeren Preis akzeptieren Sie nicht. Bei Optionen sollten Sie die „Limit-Order" immer nutzen.

Long-Call

Sie können einen Call kaufen, aber auch einen Call verkaufen, den Sie nicht im Depot haben. Im Sprachgebrauch unterscheidet man deswegen den gekauften Call (Long-Call) vom verkauften Call (Short-Call) des Stillhalters.

Long-Put

Sie können einen Put kaufen, aber auch einen Put verkaufen, den Sie nicht im Depot haben. Im Sprachgebrauch unterscheidet man deswegen den gekauften Put (Long-Put) vom verkauften Put (Short-Put) des Still-halters.

Margin

Sicherheitsleistung zur Risikoabdeckung beim Eingehen von Optionsgeschäften. Bei Optionen wird sie nur bei einem Short-Call oder -Put erforderlich oder im Falle eines Kaufs in Fremdwährung (USD). Eine Margin wird durch eingezahlte Barmittel auf das Depot-konto oder die Wertpapierbestände im Depot erbracht.

Margin Call

Entwickelt sich ein Börsengeschäft zu Ungunsten des Anlegers, bekommt er von seinem Margin-Konto den Verlust abgezogen. Sinkt dadurch das Margin-Konto unter die Erhaltungsmarge, wird der Anleger aufgefordert, Geld nachzuzahlen.

Market-Maker

Als Market-Maker werden offizielle Börsenmitglieder bezeichnet, die für bestimmte Wertpapiere (z.B. Optionen) Geld- und Briefkurse stellen und auf eigenes Risiko und eigene Rechnung handeln. Oft sind Banken oder Broker Market-Maker.

MDAX

Der Midcap-Index der Deutschen Börse. Er bildet die 50 größten Unternehmen nach den 30 DAX-Werten ab.

Money-Management

Strategien für den Handel mit Wertpapieren, um an der Börse dauerhaft Gewinne zu erzielen.

Nachschusspflicht

Bei allen Geldgeschäften kann es bei mangelnden Sicherheiten zur Aufforderung durch die Banken kommen, dass Geld „nachzuschießen" ist, also dass neue und zusätzliche Barmittel bereitgestellt werden müssen. In Boomzeiten des Hausbaus, noch in den 1970er- und 1980er Jahren, war es nicht selten, dass jemand sein Haus mit 120% des Kaufpreises beliehen hatte. Als Bonität reichte ein dauerhaft gutes Einkommen in der Vergangenheit aus. Wenn später die Hausbewertung deutlich herabgesetzt werden musste oder sich ein Einkommen drastisch verringerte, reichte die Sicherheit nicht mehr aus. Es kam zur Nachschusspflicht. Dasselbe gab es an der Börse in den Boomzeiten des Neuen Marktes, in denen blind alles an Aktien gekauft wurde, viel zu häufig auch auf Kredit. Als Sicherheit wurden die Depots hinterlegt. Beim Crash der Folgejahre schrumpften die Beleihungen der Depots ins Bodenlose. So mancher Anleger erhielt einen diskreten Anruf seines Bankers, mit der „Bitte", Geld nachzuschießen. Beim Kauf von Optionen (Long-Call oder Long-Put) ist die Nachschusspflicht durch die Art der Geschäfte ausgeschlossen. Davon gibt es keine Ausnahme!

Option

Handelsinstrument, auch Warrant genannt. Wichtige Abgrenzung zu Optionen: Optionen haben keinen Emittenten. Im Gegensatz dazu stehen beispielsweise Optionsscheine, die von Banken emittiert werden und von Banken in ihren Kursen beeinflusst werden können. Optionsscheine haben eine WKN oder ISIN. Optionen haben diese nicht.

Optionsschein (Warrant)

Handelsinstrument, auch Warrant genannt. Wichtige Abgrenzung zu Optionen: Optionen haben keinen Emittenten. Im Gegensatz dazu stehen beispielsweise Optionsscheine, die von Banken emittiert werden und von Banken in ihren Kursen beeinflusst werden können. Optionsscheine haben eine WKN oder ISIN. Optionen haben diese nicht.

Order

Ein Kauf- oder Verkaufsauftrag für eine Aktie, eine Option oder ein anderes Wertpapier.

Oszillator

Kommt von oszillieren (= schwingen) und beschreibt Indikatoren der Chartanalyse, die zwischen zwei Begrenzungen schwingen, wobei die Begrenzungen die Extremphasen der Kursschwingungen abbilden. Diese beschreiben die sogenannten überkauften Bereiche – diese sind durch die oberen Extremzonen definiert – und überverkauften Bereiche – dies sind durch die unteren Extremzonen.

Performance (Wertentwicklung)

Unter Performance eines Investments oder eines Portfolios ist die Wertentwicklung dessen zu verstehen.

Portfolio

Als Portfolio bezeichnet man im Allgemeinen alle Wertgegenstände, die sich in einem Besitz befinden. Das sind vorrangig Wertpapiere oder liquides Vermögen, es können aber auch Immobilien oder Grundbesitz sein.

Put

Eine Option, die zum Verkauf des Basiswertes (meist eine Aktie) zu einem bestimmten Preis bis zu einem bestimmten Datum berechtigt. Siehe auch unter „Option" in diesem Glossar.

Put-Option

Eine Option, durch die der Käufer der Option das Recht erwirbt, einen bestimmten (Basiswert innerhalb eines festgelegten Zeitraums (amerikanischer Typ) oder am Ende eines festgelegten Zeitraums zum vorher vereinbarten Preis zu verkaufen.

Pyramidisieren

Das Pyramidisieren eines Trades bezeichnet, dass, sofern dieser solide in Ihre Richtung läuft, die Position sukzessiv an bestimmten Marken immer weiter erhöht wird (dies wird oftmals im Börsenjargon auch „Scale in" genannt). Im Gegenzug wird die Position dann auch wieder Stück für Stück abgebaut, die Gewinne werden jedoch laufen gelassen (sog. „Scale Out").

Risikomanagement

Beim Risikomanagement wird durch den Einsatz von Strategien das Risiko (Währungs-, Marktrisiko) eines Investments eingegrenzt.

Risikostreuung (= Diversifikation)

Risiko durch die Verteilung der Investitionssumme auf verschiedene Anlagen reduzieren. Das Risiko einer breit gestreuten Anlage ist geringer als die (fast) alleinige Investition in eine Einzelposition.

Schlusskurs

Der letzte Kurs, der am Ende einer Börsensitzung (z.B. eines Börsentages) ermittelt wird.

Sentiment

Stimmung der Investoren.

Short-Call

Sie können einen Call kaufen. Das ist das bekannte Geschäft. Sie können aber auch einen Call verkaufen, den Sie nicht im Depot haben. Damit eröffnen Sie ein Stillhalter-Geschäft. Im Sprachgebrauch wird deswegen zwischen den gekauften Call (Long-Call) und dem verkauften Call (Short-Call) des Stillhalters unterschieden.

Short-Position

Position, die durch einen Leerverkauf von Aktien oder durch ein Stillhalter-Geschäft mit Optionen entstanden ist.

Short-Put

Sie können einen Put kaufen, aber auch einen Put verkaufen, den Sie nicht im Depot haben. Im Sprachgebrauch unterscheidet man deshalb den gekauften Put (Long-Put) vom verkauften Put (Short-Put) des Stillhalters.

Spread

Die Differenz zwischen An- und Verkaufskurs eines Wertes, z.B. einer Aktie oder Option.

Stillhalter

Optionsgeber, Verkäufer einer Option zur Trade-Eröffnung.

Stop-Loss

Wenn Sie eine Kursgrenze ausgemacht haben, bei der Sie sagen: „Wenn die Aktie tiefer geht als bis zu diesem Punkt, verkaufe ich", platzieren Sie eine Stop-Loss Order, die ausgelöst wird, sobald dieser Kurs erreicht wurde.

Stop-Loss-Order

Weit verbreitete Art eines Verkaufsauftrags, der automatisch an die Börse gegeben wird, wenn ein bestimmter Wertpapierkurs erreicht bzw. unter- oder überschritten wird.

Swings

Hoch- und Tiefpunkte der Wellenbewegungen von Kursschwankungen im Rahmen der Chartanalyse.

Tagesschlusskurs

Der letzte Kurs, der am Ende eines Börsentages ermittelt wird.

Take-Profit

Die Anweisung, einen Trade zu einem bestimmten Kurs zu schließen.

Termingeschäft

Geschäft, das zu feststehenden Konditionen bis zu oder an einem bestimmten, in der Zukunft liegenden Zeitpunkt, erfüllt werden muss. Optionen sind beispielsweise Termingeschäfte.

Trendlinie

Durch das Verbinden von Tief- bzw. Hochpunkten entstehen auf dem Chart Trendlinien. Diese veranschaulichen die Richtung des vorherrschenden Trends (aufwärts, abwärts oder seitwärts) und stellen Unterstützungs- sowie Widerstandslinien dar.

Underlying

Siehe Definition zu **Basiswert**.

Unterstützung

Der Unterstützungsbereich ist der Kursbereich, in dem wiederholt stärkere Nachfrage festgestellt wird, die den Verkaufsdruck übersteigt. Kurse prallen, von oben kommend, an Unterstützungen wieder nach oben ab. Es kommt Kaufdruck in den Markt.

Unterstützungslinie

Ein in der charttechnischen Analyse geläufiger Begriff für die Kursregion, in der eine Aktie eine charttechnische Unterstützung findet (Kaufbereich). Dabei verläuft eine Unterstützungslinie immer unterhalb des aktuellen Kurses des Wertpapiers.

Verkaufs-Option

Eine Verkaufs-Option ist ein Put. Siehe auch unter „Put" in diesem Stichwortverzeichnis.

Volatilität

Schwankungsbereich während eines bestimmten Zeitraums von Wertpapierkursen, von Rohstoffpreisen, von Zinssätzen oder von Investmentfonds-Anteilen.

Warrant

Englische Bezeichnung für Optionsschein (siehe Definition Optionsschein).

Widerstand

Widerstand ist der Kursbereich, in dem wiederholt stärkeres Verkaufsangebot festgestellt wird, das die Nachfrage übersteigt. Kurse prallen, von unten kommend, an Widerständen wieder nach unten ab. Es kommt Verkaufsdruck in den Markt.

Widerstandslinie

Ein in der charttechnischen Analyse geläufiger Begriff für die Kursregion, in der eine Aktie einen charttechnischen Widerstand findet (Verkaufsbereich). Dabei verläuft eine Widerstandslinie immer oberhalb des aktuellen Kurses des Wertpapiers.

Zeitwert

Bestandteil des Preises einer Option, der nur aufgrund verbleibender Restlaufzeit bezahlt wird. Der Zeitwert ergibt sich aus der Differenz zwischen dem tatsächlichen Kurs einer Option und seinem inneren Wert.

Zertifikat

Zertifikate sind Wertpapiere. Es sind Inhaberschuldverschreibungen, die von Banken emittiert und an Privatkunden verkauft werden. Wichtig: Wird die Bank (der Emittent) insolvent (wie Lehman Brothers im Jahr 2008), ist das in diese Papiere investierte Geld des Anlegers weg.

QUELLEN

Alle Chartabbildungen wurden mit den Tools von tradesignal® **erstellt.**

Bis auf:
Abbildung Seite 153 und 154 (Quelle: OCT Aktienscreener)
Abbildung Seite 179 und 181 (Quelle: TWS, Interactive Brokers)
Abbildung Seite 75 (VTAD e.V., CFTe 1 – Workshop)
Nicht autorisierte Nutzung oder Missbrauch ist ausdrücklich verboten.

Charts erstellt mit Tradesignal Online.
Tradesignal® ist eine eingetragene Marke der Tradesignal GmbH.
Nicht autorisierte Nutzung oder Missbrauch ist ausdrücklich verboten.